Arthur Thömmes

Spiele zur Unterrichtsgestaltung

Religion und Ethik

⬚ Verlag an der Ruhr

Impressum

Titel
Spiele zur Unterrichtsgestaltung
Religion und Ethik

Autor
Arthur Thömmes

Titelbildmotive
© Kwest/Fotolia.com, © flashpics/Fotolia.com
© Franz Pfluegl/Fotolia.com, © Grischa Georgiew/Fotolia.com
© olly/Fotolia.com, © bilderbox/Fotolia.com
© Claus Mikosch/Fotolia.com

Verlag an der Ruhr
Mülheim an der Ruhr
www.verlagruhr.de

Geeignet für die Klassen 5–13

Unser Beitrag zum Umweltschutz
Wir sind seit 2008 ein ÖKOPROFIT®-Betrieb und setzen uns damit aktiv für den Umweltschutz ein. Das ÖKOPROFIT®-Projekt unterstützt Betriebe dabei, die Umwelt durch nachhaltiges Wirtschaften zu entlasten.
Unsere Produkte sind grundsätzlich auf chlorfrei gebleichtes und nach Umweltschutzstandards zertifiziertes Papier gedruckt.

Ihr Beitrag zum Schutz des Urhebers
Das Werk und seine Teile sind urheberrechtlich geschützt. Jede Verwendung in anderen als den gesetzlich zugelassenen Fällen bedarf der vorherigen schriftlichen Einwilligung des Verlages. Im Werk vorhandene Kopiervorlagen dürfen vervielfältigt werden, allerdings nur für jeden Schüler der eigenen Klasse/des eigenen Kurses. Die Weitergabe von Kopiervorlagen oder Kopien an Kollegen, Eltern oder Schüler anderer Klassen/Kurse ist nicht gestattet. Bitte beachten Sie die Informationen unter **schulbuchkopie.de**.
Der Verlag untersagt ausdrücklich das digitale Speichern und Zurverfügungstellen dieses Buches oder einzelner Teile davon im Intranet (das gilt auch für Intranets von Schulen und Kindertagesstätten), per E-Mail, Internet oder sonstigen elektronischen Medien. Kein Verleih. Zuwiderhandlungen werden zivil- und strafrechtlich verfolgt.

© **Verlag an der Ruhr 2009**
ISBN 978-3-8346-0598-6

Printed in Germany

Inhaltsverzeichnis

Vorwort 4

Damit das Spielen gelingt 7

Spielarten 13

Wissensspiele 14

Kommunikationsspiele 26

Rollenspiele 53

Motivationsspiele 89

Selbsterfahrungsspiele 104

Kreativspiele 131

Spiele erfinden – Eine Projektidee 142

Spieleverzeichnis 145

Stichwortverzeichnis 147

Literatur- und Linktipps 149

Vorwort

Liebe Kollegen,*

Spielen ist in!

Mensch ärgere dich nicht, Monopoly, Die Siedler von Catan, Spiel des Lebens, Tabu, Basketball, Fußball, Tennis, Computer-, Online- und Videospiele ... Spielen liegt im Trend! Spielemessen haben Hochkonjunktur, und ein Spieleabend mit Freunden bereitet auch den meisten Erwachsenen Spaß. Nicht nur Kinder spielen, auch Erwachsene haben Freude daran.

Spielen ist etwas, was den Menschen ein Leben lang begleitet. So gibt es vor allem im Freizeitbereich Spiele, die für eine bestimmte Altersgruppe typisch sind oder auch Spiele, die Generationen verbinden. Natürlich verändert sich dabei das Spielverhalten mit dem Alter der Teilnehmer. Während Kinder oft nur ihre Fantasie benötigen (mit einer Feder im Haar werden sie zu Indianern, und es ist für sie kein Problem, sich böse Krokodile und Blubbermonster im Bach vorzustellen), sind Spiele für ältere Teilnehmer meist regelgeleiteter. Allen Spielen ist jedoch gemeinsam, dass sich der Mensch im Spiel eine neue Wirklichkeit schafft.

Spielen im Unterricht

Auch das Spielen im Unterricht ist im Prinzip nichts Neues. Ob als Einstieg in ein Thema, zwischendurch zur Auflockerung und Motivation oder zum Abschluss einer Unterrichtseinheit haben sich Spiele bewährt. Auch, wenn es um das Üben, Vertiefen und Anwenden von Erlerntem geht, eignen sich Spiele hervorragend. Sie regen auch lernmüde oder stillere Schüler zum Mitmachen an und lockern das Lernklima auf. Es ist allerdings ein Trugschluss, zu glauben, dass Spiele nur „nettes Beiwerk" sind, um die Schüler aufzuheitern oder eine Vertretungsstunde ohne viel Vorbereitung halten zu können. Natürlich eignen sich Spiele auch dazu, aber sie sind weit mehr als bloße Beschäftigungstherapie. Auch Spielen ist eine Form des Lernens. Anhand von Spielen können Schüler wichtige Kompetenzen (insbesondere Sozialkompetenzen) erwerben, die mit anderen Lehrmethoden nur schwer vermittelbar sind. Insofern können Spiele wesentlich zum Lernerfolg beitragen.

---

* Aus Gründen der besseren Lesbarkeit haben wir in diesem Buch durchgehend die männliche Form verwendet. Natürlich sind damit auch immer Frauen und Mädchen gemeint, also Lehrerinnen, Schülerinnen etc.

Vorwort

Die Spiele in diesem Buch

Spielebücher gibt es mittlerweile viele auf dem Markt. Dieses Buch unterscheidet sich jedoch von den gängigen Büchern. Es ist ein Praxisbuch, das zugeschnitten ist auf den Einsatz im Religions- und Ethikunterricht. Das heißt konkret, dass die einzelnen Spiele und Übungen entsprechende Themenbereiche spielerisch umsetzen. Viele Spiele sind bekannt und wurden von mir speziell für den Einsatz im Religions- und Ethikunterricht abgewandelt und ergänzt. Andere wurden von mir selbst entwickelt und im Unterricht erprobt. In diesem Band sind darüber hinaus einige Spiele enthalten, die sich besonders zum Einstieg in ein Thema oder zum Abschluss einer Unterrichtsstunde anbieten, um die Schüler zum Mitmachen anzuregen oder Wissen zu festigen. Diese Spiele können nicht nur im Religions- oder Ethikunterricht eingesetzt werden, sondern eignen sich auch für andere Fächer. Sie werden schnell erkennen, dass beim Einsatz der Spiele auch Ihre eigene Kreativität ihren Platz hat. Finden Sie nicht ihr passendes Thema, können Sie gezielt nach einer Spielart suchen (z.B. Kommunikationsspiel, Rollenspiel, Wissensspiel) und es entsprechend thematisch anpassen.

Die Spiele in diesem Band sind primär für die Sekundarstufe I einsetzbar, einige sind jedoch auch für ältere Schüler geeignet. Auch in der Sekundarstufe II haben Spiele durchaus ihren Platz in der Unterrichtsgestaltung und können nachhaltig zum Lernerfolg der Schüler beitragen. Scheuen Sie sich also nicht, die Spiele auch in der Oberstufe einzusetzen. Auch ältere Schüler haben Spaß am Spiel. Zur besseren Einordnung ist jedes Spiel mit den entsprechenden Altersangaben versehen.

Die Spiele in diesem Buch sind alle nach dem gleichen Schema aufgebaut. Nach Informationen über Spielart, Thema, Ziel, Alter, Dauer, Teilnehmerzahl und benötigtem Material wird der Verlauf des Spieles kurz beschrieben. Es werden weiter Möglichkeiten der Variante genannt und Hinweise gegeben, die bei der Durchführung zu beachten sind. Wichtig erscheint mir besonders, dass die Spiele von den Teilnehmern am Ende reflektiert werden, nur so kann ein angemessener Lernerfolg erreicht werden.

Für eine gute Übersicht wurden die Spiele nach Spielarten (Wissensspiel, Kommunikationsspiel, Rollenspiel, Selbsterfahrungsspiel, Motivationsspiel, Kreativspiel) sortiert. Oftmals werden Sie Spiele finden, bei denen mehrere Spielarten genannt werden. Die Einordnung richtet sich dann nach der ersten Angabe, auf der der Schwerpunkt des jeweiligen Spiels liegt. Eine Hilfe bei der Suche nach einzelnen Spielen bietet Ihnen zusätzlich das Stichwortverzeichnis am Schluss des Buches.

Vorwort

Besonders möchte ich auf die Anleitung zum Erfinden von Spielen hinweisen. Die Kinder und Jugendlichen können hier ihrer eigenen Kreativität freien Lauf lassen und eigene Ideen umsetzen. Dies ist eine tolle Möglichkeit, Themen eigenständig zu erarbeiten oder zu wiederholen.

Die vorgestellten Spiele sollen vor allem Lust auf das Spielen im Unterricht machen. Stellen Sie sich Ihr persönliches Spielerepertoire zusammen. Dabei können auch die Literaturhinweise und Linktipps am Ende des Buches anregend sein.

Ich wünsche Ihnen und Ihren Schülern viel Freude beim Spielen

Arthur Thömmes

Damit das Spielen gelingt

„Der Mensch kann das Spiel sehr ernst nehmen, er kann aber auch die ernsteren Dinge des Lebens spielerisch bewältigen."

(Franz W. Niehl/Arthur Thömmes: 212 Methoden für den Religionsunterricht, Kösel-Verlag München 10. Aufl. 2009, S. 196)

Schaut man sich die gängigen Spieltheorien an, ist festzustellen, dass es keine einheitliche Definition des Begriffs gibt. Da es sich beim vorliegenden Buch um ein Praxisbuch handelt, möchte ich hier vor allem auf die Merkmale des Spiels und die Nennung bestimmter Regeln und Verhaltensweisen eingehen, die besonders zu beachten sind, anstatt mich mit einer langen Begriffsbestimmung aufzuhalten.

Spielen ist ein ganzheitlicher Prozess

Beim Spielen wird der ganze Mensch angesprochen mit allen seinen Sinnen, mit Körper, Geist und Seele, mit Kopf, Herz und Hand. Das hat zur Konsequenz, dass das Spielen im Gegensatz zu rein kognitiven Verhaltensweisen zu Tätigkeiten und Handlungen führt. Dabei steht neben dem Faktenwissen vor allem auch Lebens- und Erfahrungswissen im Vordergrund. Spielen vermittelt also eine aktive und konkrete Erfahrung mit der Umwelt.

Spielen soll Spaß machen

Auch wenn die vorliegenden Spiele einen thematischen Bezug haben, sollte die Freude am Spiel im Vordergrund stehen. Das ist eine ideale Voraussetzung der spielerischen Wissensvermittlung.

Spielen ist zweckfrei

Von der ursprünglichen Intention her ist das Spielen ein zweckfreies Tun. Es geschieht um seiner selbst willen, nicht für bestimmte, von außen gesetzte Zwecke. Das erleben wir besonders, wenn wir Kinder beim Spielen beobachten. Daher sollte beim Einsatz von Spielen im Unterricht darauf geachtet werden, dass das Spiel nicht zu sehr für pädagogische Zielsetzungen eingesetzt und somit instrumentalisiert wird. Dies bedeutet jedoch nicht, dass das Spiel keinen pädagogischen Zweck haben kann.

Damit das Spielen gelingt

Spielen schafft eine neue Realität

Im Spiel steigt der Mensch aus dem Alltag aus und schafft sich eine neue Wirklichkeit (Quasirealität). Die im Spiel hergestellte Wirklichkeit lebt von der Fantasie, den Wünschen und Bedürfnissen der Akteure. Die Spieler werden behutsam in die Welt der Spielrealität geführt. Der Übergang kann vor allem durch die Atmosphäre (Raumgestaltung, Requisiten, etc.) gefördert werden. Daher ist es manchmal sinnvoll, den Klassenraum als Spielraum zu meiden und andere (Lern-)Räume aufzusuchen.

Spielen ist ein expressives Verhalten

Mitunter können beim Spiel Emotionen unterschiedlicher Art eine wichtige Rolle spielen. Der Spieler darf und soll in den gesetzten Grenzen seine Gefühle mit ins Spiel bringen. Häufig hängen sie zusammen mit bestimmten Eigenschaften (z.B. Stärken und Schwächen) einzelner Schüler, die plötzlich zum Vorschein kommen. Dabei sind gruppendynamische Prozesse, die in Gang gesetzt werden, vom Lehrer besonders zu beobachten.

Spielen fördert die Gemeinschaft

Die meisten Spiele in diesem Band werden in kleinen oder großen Gruppen gespielt und haben somit eine gemeinschaftsfördernde Funktion. Da viele Kinder und Jugendliche einsame Spielerfahrungen am Computer kennen, sollte der Aspekt der Gemeinschaft im Unterricht hervorgehoben werden. Die Spiele fördern in besonderem Maße die soziale Kompetenz der Schüler. Dabei werden vor allem Respekt, Achtung und Rücksichtnahme eingeübt. So geht es häufig nicht darum, der Beste und Schnellste zu sein, sondern als Spielpartner gemeinsam mit anderen etwas zu vollbringen.

Es gibt keine Verlierer

Das Spielen sollte weniger einen Wettbewerbscharakter haben, in dem es darum geht, zu siegen oder zu verlieren. Ziel sollte es sein, miteinander zu spielen und nicht gegeneinander.

Damit das Spielen gelingt

Spielen setzt Freiwilligkeit voraus

Es sollte niemand zum Spiel gezwungen werden. Es gibt viele Gründe, warum manche nicht mitspielen wollen (Tagesform, Unlust, Angst vor Körperkontakt). Daher sind alternative Einsatzmöglichkeiten bei der Vorbereitung einzuplanen (z.B. Beobachter, Zeitnehmer, Schiedsrichter). Manchmal hilft auch eine freundliche Einladung zum Spiel. Auch das Aussteigen aus dem Spiel sollte gestattet sein.

Alternativen zum Spiel sollten eingeplant werden

Beim Spielen sollte eine gewisse Lust vorhanden sein, sich darauf einzulassen. Erzwungene Spiele gehen meist daneben. Daher sollte vor Spielbeginn auf die Motivation der Schüler geachtet werden. Im Notfall ist eine Alternative zum Spielen sinnvoll.

Die Spiele sollten sparsam eingesetzt werden

Um die Freude am Spiel zu fördern, sollten sie im Unterricht nicht zu häufig eingesetzt werden. Auch eine Abwechslung der unterschiedlichen Spielarten kann die Lust fördern.

Spielen erfordert Konzentration und Ruhe

Häufig sind Spiele mit Anspannung verbunden, die sich in einer Schlussphase in einem entspannten Verhalten auflöst. Der Spieler muss konzentriert und aufmerksam bei der Sache sein. Ablenkungen sollten vermieden werden.

Das Spiel muss zur Zielgruppe passen

Die Zielgruppe darf durch das Spiel nicht über- oder unterfordert werden. Daher sollte darauf geachtet werden, dass das Spiel zur Altersgruppe, den Kompetenzen, der jeweiligen Situation und der Zusammensetzung der Gruppe passt. Hilfreich sind dabei die Altersangaben bei den Spielen.

Damit das Spielen gelingt

Eine gute Vorbereitung ist unerlässlich

Jedes Spiel sollte vom Spielleiter gut vorbereitet sein. Neben dem notwendigen Material sollte er gut vertraut mit dem Spielablauf und den Spielregeln sein. Auch eventuelle Probleme sollten in der Planung mit überlegt werden.

Das benötigte Material muss zur Verfügung stehen

Bei manchen Spielen sind Materialien notwendig (z.B. Karten, Stühle, Tische, Luftballons, Papier, Stifte). Um nicht unnötig Zeit zu verschwenden, sollten sie vor Spielbeginn zur Verfügung stehen.

Die Spielregeln sollten verständlich erläutert werden

Jedes Spiel hat bestimmte Regeln, die beachtet werden müssen, damit das Spiel gelingt. Sie beschreiben den Ablauf des Spiels und was jeder Spieler machen kann und was nicht. Daher ist es wichtig, dass der Spielleiter den Ablauf und die Spielregeln ausführlich erläutert. Manchmal müssen die Regeln an die Teilnehmer oder das Thema angepasst werden.

Das Spiel muss örtlich durchführbar sein

Für manche Spiele sind räumliche Voraussetzungen notwendig. Daher sollten vor Spielbeginn entsprechende Örtlichkeiten zur Verfügung stehen. Manchmal ist nicht nur der Bewegungsraum wichtig, sondern auch eine Geräuschisolierung.

Die Spielzeit sollte berücksichtigt werden

Die Zeitvorgaben für ein Spiel sind nicht immer genau planbar. Daher sollte man eher großzügig mehr Zeit einberechnen, damit ein Spiel nicht frühzeitig beendet werden muss.

Das Spiel sollte rechtzeitig beendet werden

Auch wenn ein Spiel noch so viel Spaß macht, sollte es beendet werden, wenn ein gewisser Höhepunkt erreicht ist. Sonst nutzt es sich ab, und den Teilnehmern vergeht die Lust am Spiel.

Damit das Spielen gelingt

Das Verhalten des Spielleiters beeinflusst das Spiel

Der Spielleiter spielt bei jedem Spiel eine entscheidende Rolle. Er hat die Aufgabe der Animation, Moderation, Begleitung und Reflexion. Er fördert die Motivation, leitet an, erläutert und begleitet den Spielverlauf, fördert die Spielfreude, fühlt sich in die Spieler ein, ist hilfsbereit und gleichzeitig zurückhaltend, begleitet den Spielverlauf, kann mit schwierigen Situationen umgehen und sollte selbst bereit sein, am Spiel teilzunehmen. Außerdem sollte er natürlich auch selbst Spaß am Spielen haben.

Man sollte nicht nur die Spiele spielen, die man selbst für gut hält

Bei der Spielplanung sollte darauf geachtet werden, dass der Spielleiter bzw. Lehrer nicht nur seine Lieblingsspiele zum Einsatz bringt. Wichtiger sind die Interessen und Wünsche der Teilnehmer.

Spiele sollten nachbearbeitet und reflektiert werden

Da den meisten Spielen ein ganzheitlicher Ansatz zu Grunde liegt, ist es unerlässlich, im Anschluss die Erfahrungen zu reflektieren. Dabei werden die Spielerlebnisse besprochen und Eindrücke ausgetauscht. Wie haben die Spieler den Ablauf erlebt? Was haben sie dabei gelernt (Fach-, Methoden-, Sozial- und Ich-Kompetenz)? Was konnten Beobachter des Spiels wahrnehmen? Für den Lehrer ergeben sich aus dieser Auswertung wichtige Impulse für den erneuten Einsatz des Spiels in anderen Klassen.

Auch Spielen ist eine Form des Lernens

Es gibt Pädagogen, die Spielen und Lernen als unvereinbare Gegensätze sehen. Lernen sei eine ernsthafte Sache und das Spielen lediglich ein Zeitvertreib. Dem möchte ich auf Grund meiner Spielerfahrung widersprechen: Das Spiel ist ein Medium des Lernens, das von den meisten Lernmethoden zu unterscheiden ist. Indem der Spielende sich dem Spiel hingibt und in eine neue Wirklichkeit eintritt, empfindet er das Spielen selbst nicht als Lernprozess. Werden die Erfahrungen im Anschluss an das Spiel reflektiert, wird häufig deutlich, welche Kompetenzen dabei erworben wurden. Besonders deutlich wird dieser Lernerfolg im Zusammenhang von Spiel und sozialem Lernen (Sammeln von Erfahrungen, Erlernen von Verhaltensmustern, Einüben des Umgangs mit anderen Menschen, Kommunikations- und Kooperationsbereitschaft, kreatives Denken). Auch

Damit das Spielen gelingt

im Bereich der Motivation und Konzentration fördert das Spielen die Lust am Lernen. Zudem werden im Spiel bereits erworbene Lernerfahrungen umgesetzt, geklärt und gefestigt.

Spielen im Religions- und Ethikunterricht

Das Spielen im Unterricht ist nicht unproblematisch, da es den Grundprinzipien Freiheit, Spontaneität und Zwecklosigkeit zu widersprechen scheint. Wenn das Spielen im Unterricht auf Lernerfolge abzielt, ist es unerlässlich, dass der Lehrer dies den Schülern auch deutlich macht. Und was spricht gegen eine Form des Lernens, die auch noch Spaß macht?! Wichtig erscheint mir, dass das Spielen – trotz seiner didaktischen Verzweckung – immer Raum lässt für Kreativität, Fantasie und Selbstbestimmung.
Ein lebens- und erfahrungsorientierter Religions- und Ethikunterricht verfolgt einen ganzheitlichen Ansatz, der das Faktenwissen mit existenziellen Fragestellungen ergänzt und mit Leben füllt. Das Spielen bietet hier eine handlungsorientierte Alternative zum oft textlastigen Unterricht. Dabei ist nicht nur die soziale und persönliche Kompetenzerweiterung zu nennen, sondern auch das spielerische Erarbeiten und Wiederholen von Lerninhalten. Wichtige Voraussetzung ist dabei eine ungezwungene Atmosphäre, die frei ist von Ängsten und Hemmungen. Wer mit Schülern im Religions- und Ethikunterricht spielt, will vor allem die Lust am Spiel und gleichzeitig Lern- und Kommunikationsprozesse fördern.
Das Spielen im Religions- und Ethikunterricht bietet die Chance, den Alltag zu unterbrechen und ihn dennoch spielerisch zu bearbeiten und dabei zusätzlich wichtige Lerninhalte zu transportieren.

Spielarten

In der Spieltheorie gibt es sehr unterschiedliche Ansätze zur Kategorisierung der Spiele. Im Folgenden sollen nur einige kurze Hinweise zu den im Buch vorkommenden Spielarten genannt werden. Es wurden dabei manche Spielarten, wie etwa Kennenlern- oder Gruppenbildungsspiele, bewusst ausgelassen. Es geht eher um die Kategorien, die fach- und themenbezogen eingesetzt werden können. Manche Spiele gehören natürlich auch in mehrere Kategorien. In diesen Fällen werden alle zugehörigen Kategorien aufgeführt, wobei die erstgenannte Kategorie anzeigt, worauf der Schwerpunkt des Spiels liegt.

Wissensspiel	Hierbei stehen Wissen und Lernen im Vordergrund. Dabei geht es darum, sich Wissen anzueignen oder bereits erworbenes Wissen zu vertiefen und zu wiederholen. Unter dem Oberbegriff Wissensspiel werden hier auch Lern-, Rate- und Quizspiele gesammelt.
Kommunikationsspiel	Hier steht das Miteinander-Sprechen im Mittelpunkt. Dies kann verschiedenste Formen, wie Diskussionen, Argumentationen, Beschreibungen, Geschichtenerzählungen oder einfache Gespräche, annehmen.
Rollenspiel	Der Spieler übernimmt eine andere Identität, die in eine Spielhandlung eingebunden ist. Dabei können die Rollen vorgegeben bzw. selbst erarbeitet werden. Auch Planspiele und darstellende Spiele gehören dazu.
Selbsterfahrungsspiel	Dabei steht der einzelne Mensch selbst mit seinen Stärken, Schwächen, der Wahrnehmung seiner selbst und seiner Umwelt, aber auch der Suche nach Sinn im Mittelpunkt.
Motivationsspiel	Diese Spiele dienen der Motivation und Aktivierung, aber auch der Konzentration und Entspannung und wurden der Einfachheit halber unter einem Sammelbegriff zusammengefasst. Die Spiele eignen sich besonders, wenn eine gewisse Müdigkeit in der Gruppe aufkommt, und sind als Einstieg oder zum Abschluss einer Einheit besonders sinnvoll.
Kreativspiel	Hier sind Kreativität und Fantasie gefragt. Die Spieler drücken sich in Mal-, Schreib-, und Erzählspielen aus oder werden gestalterisch tätig. Auch Puzzlespiele gehören dazu.

Netzwerk

Wissensspiel

Spielart: Wissensspiel, Motivationsspiel

Thema: beliebiges Sachthema

Ziel:
- Wissensabfrage zu jedem beliebigen Thema
- die weltweite Vernetzung des Christentums verdeutlichen

Alter: 10–16 Jahre

Dauer: ca. 45 Minuten

Teilnehmer: ganze Klasse

Material:
- Wollknäuel
- evtl. großer Luftballon

Beschreibung

Die Schüler sitzen im Kreis. Der Lehrer eröffnet das Spiel, indem er das Wollknäuel dem ersten Schüler zuwirft. Mit dem Wurf verbindet er eine Frage, die sich auf ein beliebiges Thema (z.B. Kirche, Christentum → siehe Symbolik des Spiels) bezieht. Der Schüler beantwortet die Frage und wirft das Wollknäuel weiter. Dabei stellt er eine neue Frage, die der Fänger beantworten soll. Nach und nach entsteht in der Mitte des Kreises ein Netz, das immer dichter wird.

Variante

- Das Wollknäuel kann am Schluss entwirrt werden, indem es den gleichen Weg wieder zurücklegt. Dabei muss am Anfang des Spiels darauf aufmerksam gemacht werden, dass sich jeder merken muss, wer ihm das Knäuel zugeworfen hat.
- Die Lehrperson hat einen Riesen-Luftballon mitgebracht, der am Ende der Übung in die Mitte geworfen wird. Er soll die Kirche symbolisieren, die von einem weltweiten Netzwerk getragen wird. Die Netzknüpfer werfen den Ballon durch gleichzeitiges Heben des Netzes in die Höhe.

Hinweis

Das Wollknäuel sollte behutsam geworfen werden. Wichtig ist, dass alle Blickkontakt halten und auf den Zuwurf vorbereitet sind.

Netzwerk

Wissensspiel

 Reflexion

Im Anschluss an das Spiel unterhalten sich die Schüler über das Spiel und den möglichen Lernerfolg. Wurde das Spiel zum Thema Kirche, Christentum gespielt, erläutert der Lehrer die Symbolik des Spiels: Die Kirche besteht aus einzelnen Christen, die in Gemeinden leben. Diese Christen und Gemeinden sind auf der ganzen Welt verteilt. Ihre Gemeinsamkeit ist der Glaube an die Botschaft Jesu Christi. So wird die Kirche von dem großen Netzwerk der Gläubigen getragen.

Bibel-Domino

Wissensspiel

Spielart: Wissensspiel, Motivationsspiel

Thema: biblische Geschichten

Ziel:
- Wiederholung von Lerninhalten
- Zusammenhänge erkennen und benennen

Alter: 10–14 Jahre

Dauer: ca. 15 Minuten

Teilnehmer: ganze Klasse

Material:
- Beschriftete viereckige Karten
- Arbeitsblatt mit dem Text einer biblischen Geschichte

Beschreibung

Es werden Gruppen gebildet. Jede Gruppe erhält Kärtchen, die jeweils mit einem Satz aus einer biblischen Geschichte beschriftet sind. Nach dem Prinzip des bekannten Spiels „Domino" werden Karten, die inhaltlich miteinander in Beziehung stehen, aneinandergelegt. Am Schluss soll die Geschichte in der richtigen Reihenfolge aneinanderliegen. Die Schüler kontrollieren mit Hilfe des Originaltextes, ob die Geschichte in die richtige Reihenfolge gelegt wurde.

Variante

Die Schüler kennen die Geschichte noch nicht. Die Karten liegen zu Unterrichtsbeginn bereit und sollen in die richtige Reihenfolge gelegt werden.

Hinweis

Schüler neigen häufig dazu, einzelne Begriffe und Themen zusammenhanglos zu lernen. Bei der Domino-Methode geht es vor allem darum, Themen und Begriffe miteinander in Beziehung zu setzen. Somit können auch Sachtexte mit dem Dominospiel erarbeitet werden.

Reflexion

Gemeinsam überlegen die Schüler, an welcher Stelle sie Probleme hatten und wie sie diese gelöst haben.

Lernquartett

Wissensspiel

Spielart: Wissensspiel,
Motivationsspiel

Thema: beliebiges Sachthema

Ziel: Wiederholung und Überprüfung des Lernstoffes

Alter: 10–14 Jahre

Dauer: ca. 20 Minuten

Teilnehmer: ganze Klasse

Material: beschriftete Quartettkarten

Beschreibung

Die Klasse wird in mehrere Gruppen aufgeteilt. Jede Gruppe erhält entsprechend der Anzahl der Mitspieler Quartettsätze, die vom Lehrer vorbereitet wurden. Jedes Quartett (vier Karten) steht für einen bestimmten Themenbereich, der auf den Karten vermerkt ist. Darunter steht jeweils eine Frage zum Thema. Die Karten werden gemischt und unter den Mitspielern verteilt. Spieler 1 fragt Spieler 2, ob er eine Karte zu einem bestimmten Themenbereich besitzt. Wenn er dies bejaht, kann Spieler 2 Spieler 1 eine passende Frage auf der Karte stellen. Wenn Spieler 1 diese richtig beantwortet, erhält er die Karte. Spieler 2 fragt nun einen anderen Mitspieler nach einem neuen Thema usw. Wer vier Karten eines Themas hat, kann diese ablegen. Gewonnen hat der Spieler, der am Schluss die meisten Quartette hat.

Variante

Die Schüler entwerfen das Spiel, indem sie die Karten selbst beschriften.

Hinweis

Die spielerische Form des Lernens ist vor allem für jüngere Schüler eine gute Methode, auch schwierige und umfangreiche Inhalte zu wiederholen. So kann das Quartett immer wieder neu erweitert und am Ende des Schuljahres der Lernquartettmeister ermittelt werden.

Reflexion

Die Schüler berichten über ihre Lernerfolge und Themen, die sie noch intensiver bearbeiten müssen.

Gruppenquiz

Wissensspiel

Spielart: Wissensspiel
Thema: beliebiges Sachthema
Ziel: Wiederholung und Festigung von Wissen
Alter: 10–16 Jahre

Dauer: ca. 20 Minuten
Teilnehmer: ganze Klasse
Material:
- Fragekarten
- Tafel
- Kreide

Beschreibung

Die Schüler teilen sich in etwa fünf Gruppen auf. Jede Gruppe formuliert eine festgelegte Anzahl von Fragen zu einem vorgegebenen Thema und schreibt diese auf Karten. Jedes Gruppenmitglied muss die Frage beantworten können. Zu diesem Zweck wird die Frage gruppenintern diskutiert und die Antwort gefestigt. Aus der ersten Gruppe kommt ein Schüler nach vorne und liest seine Frage vor. Die anderen Gruppen haben eine Minute Zeit, die Antwort zu besprechen. Wenn eine Gruppe vor Ablauf der Zeit die Antwort weiß, ruft ein Schüler laut „Halt!". Der Lehrer zeigt auf ein Gruppenmitglied, das die Frage beantworten muss. Ist die Antwort richtig, erhält die Gruppe einen Punkt. Ist sie falsch, darf eine andere Gruppe antworten. Pro Runde darf jede Gruppe nur einmal antworten. Wenn keine Gruppe die richtige Antwort weiß, muss ein vom Lehrer ausgewähltes Mitglied der Fragegruppe die Frage beantworten.

Variante

Die Fragen werden bereits während der Behandlung des Themas von den vorher gebildeten Gruppen gesammelt.

Hinweis

Die Punktetabelle sollte für alle sichtbar sein.

Reflexion

Im Anschluss an das Spiel können die Schüler äußern, was sie bei dem Spiel gelernt haben.

Reli-Quiz

Wissensspiel

Spielart: Wissensspiel	**Dauer:** ca. 30 Minuten
Thema: beliebige (religiöse) Themen	**Teilnehmer:** ganze Klasse
Ziel: spielerisches Verarbeiten von religiösem Wissen	**Material:** ▶ Arbeitsblatt ▶ evtl. Nachschlagewerke
Alter: 12–16 Jahre	

Beschreibung

Das Spiel ist eine veränderte Fassung von „Stadt-Land-Fluss". Dabei werden zunächst mehrere Gruppen gebildet. Die Schüler erhalten ein Arbeitsblatt, auf dem Spalten zu sehen sind, die vorher festgelegte Kategorien abbilden (z.B. Heilige, Kirchenfeste, biblische Gestalten, biblische Bücher, Sakramente). Eine Zeit bzw. eine Anzahl der Spielrunden wird festgelegt. Auf ein Zeichen beginnen alle Gruppen mit dem Spiel. Der Lehrer sagt das Alphabet leise auf, und ein Spieler der ersten Gruppe ruft laut „Stopp!". Der Lehrer nennt den Buchstaben, und alle schreiben die Begriffe mit dem Anfangsbuchstaben in die entsprechenden Kategorien. Der Lehrer ruft nach einer Minute „Stopp!". Die Schüler tragen ihre Punkte ein: falsche oder keine Antwort (0 Punkte), gleiche Antwort mehrerer Spieler (5 Punkte), richtige einmalige Lösung (10 Punkte), Spieler, der als Einziger einen Eintrag in das Feld gemacht hat (20 Punkte). Dann beginnt eine neue Runde.

Variante

▶ Die einzelnen Gruppen legen ihre Kategorien selbst fest.
▶ Das Spiel kann mit beliebigen anderen Themengebieten und Kategorien (z.B. Themen des Ethikunterrichts) gespielt werden.

Hinweis

Dieses Spiel bietet eine wunderbare Möglichkeit, religiöses Wissen von Zeit zu Zeit aufzufrischen und zu erweitern.

Reflexion

Nach jeder Spielrunde werden die einzelnen Begriffe kurz besprochen und vom Lehrer evtl. erläutert.

Puzzle

Wissensspiel

Spielart: Wissensspiel, Kreativspiel	**Alter:** 10–12 Jahre
	Dauer: ca. 15 Minuten
Thema: beliebiges Sachthema	**Teilnehmer:** ganze Klasse
Ziel: spielerische Wiederholung und Vertiefung des Gelernten	**Material:** 10 Sechsecke (siehe Arbeitsblatt)

Beschreibung
Die Schüler erhalten das beiliegende Arbeitsblatt, auf dem jeweils sechs Dreiecke ein Sechseck bilden. In den einzelnen Dreiecken werden Fragen und Antworten notiert, sodass an den sich berührenden Stoßkanten der Sechsecke jeweils eine Frage mit der passenden Antwort zusammenkommt. Eine Frage aus dem ersten Sechseck passt dann also zu einer Antwort aus dem zweiten Sechseck. Die Sechsecke werden nun ausgeschnitten. Die Schüler erhalten die Aufgabe, die zehn Sechsecke so zusammenzusetzen, dass an den Stoßkanten Aufgaben und Lösungen zusammenpassen. Dazu werden mehrere Gruppen gebildet.

Variante
Die Anzahl der Sechsecke kann beliebig erhöht und damit der Schwierigkeitsgrad angehoben werden.

Hinweis
Es ist sinnvoll, das Arbeitsblatt mit den zehn Sechsecken zu laminieren und anschließend auseinanderzuschneiden. Dann kann es immer wieder neu mit einem Folienstift beschriftet werden.

Reflexion
Die Ergebnisse der einzelnen Gruppen werden verglichen und besprochen.

Puzzle

Kopiervorlage

Wörter suchen

Wissensspiel

Spielart: Wissensspiel, Kreativspiel
Thema: beliebiges Sachthema
Ziel: ▸ Wiederholung
▸ Konzentration
Alter: 10–12 Jahre

Dauer: ca. 15 Minuten
Teilnehmer: ganze Klasse
Material: ▸ Kopiervorlage
(siehe nächste Seite)
▸ Textmarker

Beschreibung
Der Lehrer trägt Begriffe zu einem bestimmten Thema in die Buchstabenkästchen auf der beiliegenden Kopiervorlage ein und füllt die restlichen Kästchen mit zufällig gewählten Buchstaben. Alle Schüler erhalten nun die Kopiervorlage und sollen in dem Buchstabensalat die Begriffe finden, die mit dem vorgegebenen Thema zu tun haben. Diese werden mit einem Textmarker markiert. Wer findet die meisten Wörter?

Variante
- Das Spiel wird als Wettspiel gestaltet, indem die Zahl der Wörter vorher bekanntgegeben wird.
- Es sind auch Wörter eingebaut, die nicht zum Thema passen.
- Die Schüler erhalten die Kopiervorlage mit leeren Kästchen. Jeder Schüler setzt darin Begriffe ein. Die Blätter werden untereinander ausgetauscht und gelöst.

Hinweis
Der Lehrer trägt vor Beginn der Stunde die Wörter ein und kopiert sie für die Schüler.

Reflexion
Die Schüler nennen die Wörter, die sie gefunden haben, und beschreiben deren Bedeutung.

Wörter suchen

Kopiervorlage

Buchstabenquiz

Wissensspiel

Spielart: Wissensspiel, Motivationsspiel	**Alter:** 10–12 Jahre
	Dauer: ca. 30 Minuten
Thema: Neues Testament	**Teilnehmer:** ganze Klasse
Ziel: spielerische Wiederholung von Lerninhalten	**Material:** Buchstabenblätter

Beschreibung

Der Lehrer bringt einen Stoß Blätter mit, der aus Buchstaben des Alphabets und fünf Jokern zusammengesetzt ist. Die Blätter werden gemischt, und jeder Schüler erhält ein Blatt. Der Lehrer stellt eine Frage zum Thema „Neues Testament":

1. Wie lautet der Name eines Evangelisten?
2. An wen schrieb Paulus einen Brief?
3. Wo wurde Jesus geboren?
4. Wie hieß die Mutter Jesu?
5. Wie hieß ein Jünger Jesu?
6. Wo lebte Jesus in seiner Kindheit?
7. Wodurch fiel Jesus bei einer Hochzeit auf?
8. Wie hieß der Zöllner, bei dem Jesus einkehrte?
9. Wie hieß der Apostel, der Jesus verriet?
10. Wie hieß der Mann, der Jesus taufte?

Nach einem Startsignal haben die Schüler eine Minute Zeit, sich zusammenzufinden und mit ihren Buchstaben das gesuchte Wort zu bilden. Dabei kann ein Joker für jeden Buchstaben eingesetzt werden. Während des Spiels darf nicht gesprochen werden. Wenn sich eine Wortgruppe gefunden hat, halten die Schüler ihre Blätter hoch. Es folgt die nächste Fragerunde.

Variante

- Bei einer kleinen Gruppe erhält jeder Schüler mehrere Buchstaben.
- Es werden zwei Gruppen gebildet, die gegeneinander spielen.
- Ein Schüler notiert, wer am häufigsten mit seinem Buchstaben Bestandteil der Lösung war.

Buchstabenquiz

Wissensspiel

Hinweis
Es ist sinnvoll, die Buchstaben doppelt bzw. 3-fach auszudrucken, damit die Möglichkeit der Zusammensetzung größer wird.
Das Spiel kann zu jedem anderen Thema eingesetzt werden.

Reflexion
- Was war schwierig bzw. leicht bei diesem Spiel?
- Was habe ich gelernt?
- Wie war das Zusammenspiel?

Wechselspiel

Kommunikationsspiel

Spielart: Kommunikationsspiel	**Alter:** 10–19 Jahre
Thema: beliebiges Sachthema	**Dauer:** ca. 30 Minuten
Ziel: ♦ sich an einem Gespräch beteiligen	**Teilnehmer:** ganze Klasse
♦ sich aus einem Gespräch zurückziehen	**Material:** Stühle
♦ Argumentieren lernen	

Beschreibung
Es gibt einen Außen- und einen Innenkreis im Klassenraum. Der Gesprächskreis in der Mitte (Innenkreis) besteht aus sieben Personen und einem Gesprächsleiter. Dieser eröffnet die Runde, indem er in ein beliebiges Sachthema einführt. Die Gesprächsteilnehmer diskutieren darüber. Wenn ein Teilnehmer nicht mehr mitreden will, steht er auf und fordert einen Mitschüler aus dem Außenkreis durch eine Geste auf, an dem Gespräch teilzunehmen. Hierfür tauschen die beiden Schüler die Plätze. Auch aus dem Außenkreis kann ein Schüler aufstehen, um an der Diskussion teilzunehmen. Dazu legt er einem Gesprächsteilnehmer eine Hand auf die Schulter. Dieser verlässt dann die Runde, und der freie Platz wird von dem anderen Schüler eingenommen. Es wird vorher festgelegt, ob und wie auch der Gesprächsleiter ausgetauscht werden kann.

Variante
Es wird eine Rednerliste erstellt. Nach einer festgesetzten Zeit werden die Gesprächsteilnehmer (und evtl. der Gesprächsleiter) nacheinander ersetzt.

Hinweis
Alle Schüler müssen zuhören, denn sie können jederzeit in die Runde eingeladen werden. Auch stillere Schüler können so in das Geschehen integriert werden; gleichzeitig besteht die Möglichkeit, Vielredner auf die „Ersatzbank" zu schicken.

Reflexion
♦ Wie sind die Gesprächsteilnehmer aufeinander eingegangen?
♦ Wie wurde argumentiert? Wie war die Gesprächsatmosphäre?

Reli-Talk

Kommunikationsspiel

Spielart: Kommunikationsspiel
Themen: biblische Geschichten, Themen des Religions- oder Ethikunterrichts
Ziel:
- Themen des Unterrichts spielerisch umsetzen
- verschiedene Positionen erarbeiten
- freies Sprechen einüben

Alter: 14–19 Jahre
Dauer: ca. 90 Minuten
Teilnehmer: ganze Klasse
Material: Tafel oder Flipchart

Beschreibung

Das aus dem Fernsehen bekannte Format der Talkshow soll hier eingesetzt werden, um verschiedene Aspekte eines Themas oder auch biblische Szenen zu vertiefen.

Vorbereitung:

Zu einem Thema werden unterschiedliche Standpunkte gesammelt. Die Schüler bilden anschließend Gruppen, von denen jede einen anderen Standpunkt vertritt. Im Team tragen die Schüler die Argumente zusammen, durch die sie ihre Position vertreten wollen. Pro Gruppe nimmt anschließend ein Schüler an der Talkshow teil, um dort den erarbeiteten Standpunkt zu vertreten.

Durchführung:

Die Vertreter der einzelnen Gruppen setzen sich zu einer Talkrunde zusammen und tauschen ihre Argumente aus. Der Lehrer übernimmt die Moderation. Die restlichen Gruppenmitglieder bilden das Publikum und stellen Fragen an die Diskussionsteilnehmer.

Variante

- Die Vertreter der Gruppen in der Talkrunde können während der Diskussion bzw. in der „Werbepause" ausgetauscht werden.
- Der Reli-Talk wird zu einer regelmäßigen Einrichtung, wobei Themen spielerisch erarbeitet werden.
- Einige Schüler erhalten Beobachtungsaufgaben, deren Ergebnisse sie nach der Talkshow präsentieren.

Reli-Talk

Kommunikationsspiel

Hinweis
- Diese Methode basiert auf dem Vorbild seriöser Diskussionsrunden, wo Talkgäste unter der Leitung eines Moderators über ein provokantes Thema sprechen. Die Schüler sollten nicht den Teilnehmern von Talkshows nacheifern, bei denen sich Menschen gegenseitig beleidigen und verbal angreifen.
- Mit diesem Spiel können unterschiedliche Meinungen zu einem Thema verdeutlicht werden. Es können aber auch Szenen aus der Bibel (z.B. die Bergpredigt), an denen unterschiedliche Personen beteiligt sind, spielerisch aufgearbeitet werden.

Reflexion
Der Lehrer hält die gesammelten Argumente stichwortartig fest, sodass sie später ausgewertet werden können.

Friedens-Battle

Kommunikationsspiel

Spielart: Kommunikationsspiel

Themen: Friede, Unfriede

Ziel:
- Auseinandersetzung mit dem Thema Friede/Unfriede
- überzeugende Formulierungen finden und mit Sprache und Körper ausdrücken

Alter: 12–16 Jahre

Dauer: ca. 20 Minuten

Teilnehmer: 10–12 Personen

Material: Vokabular des Friedens bzw. Unfriedens (siehe Kopiervorlage)

Beschreibung

Es werden zwei Teams gebildet, die gegeneinander antreten sollen. Die Vertreter des ersten Teams stehen für den Unfrieden, die des zweiten für den Frieden. Der Lehrer spielt den Schiedsrichter. Er zeigt den Gruppen jeweils einen Begriff zum Thema Frieden bzw. Unfrieden, den er den beigefügten Vokabularlisten entnimmt. Die Schüler haben je eine Minute Zeit, in der Gruppe den Begriff zu entfalten und Ideen und Gedanken dazu zu sammeln. Jede Gruppe wählt einen Vertreter aus, der für sie sprechen soll. Jeder Redner hat wiederum eine Minute Zeit, seine Argumente und Gedanken zu dem Begriff möglichst engagiert und wortgewandt zu formulieren. Dabei ist Körpersprache erwünscht. Der Schiedsrichter vergibt anschließend einen Punkt an das Team, das seiner Meinung nach den originellsten oder überzeugendsten Beitrag geboten hat, und begründet seine Wahl. Die Gruppe, die die meisten Punkte erreicht, gewinnt.

Variante

- Die Schüler ergänzen die Liste und suchen Begriffe, die als Gegensätze zusammenpassen (z.B. Lob – Tadel/Liebe – Hass).
- Jeder Gruppenteilnehmer kann nacheinander reden und gestikulieren. Dabei darf keiner dem anderen ins Wort fallen. Als Zeichen, dass ein Redner fertig ist, ruft er laut „Basta!".

Friedens-Battle

Kommunikationsspiel

Hinweis
Dieses Spiel ist eine Art Wettbewerb mit Worten und Körpersprache. Die Grundgedanken sind der Geschichte des HipHop entnommen: In den 1970er-Jahren wurde die Idee entwickelt, dass sich Jugendliche – anstatt auf der Straße in Gangs abzuhängen – lieber mit Worten messen sollen. Daraus entstand ein kreativer Wettkampf in Form des Sprechgesangs.

Reflexion
Die Erfahrungen mit dem Spiel werden gemeinsam ausgewertet. Dabei kommen zunächst die Teilnehmer der Battle zu Wort. Die Zuschauer berichten, wie sie das Wortgefecht erlebt und was sie dabei gelernt haben. Es kann auch ein intensiveres Gespräch über einzelne Begriffe folgen.

Vokabular des Friedens bzw. Unfriedens

Kopiervorlage

Vokabular des Unfriedens	Vokabular des Friedens
Gerüchte	Anerkennung
Lügen	Lob
Ausgrenzung	Integration
Beleidigung	Anteilnahme
Ablehnung	Nähe
Demütigung	Orientierungshilfe
Isolierung	Nestwärme
Liebesentzug	Freundschaften
Trennungsterror	Solidarität
Vernachlässigung	Zuhören
Autoritätsausübung	Achtung
Nichtbeachtung	Respekt
Verwahrlosung	Toleranz
Belästigung	Wertschätzung
Schadenfreude	Selbstbeherrschung
Vorurteile	Bezugspersonen
Erpressung	Nächstenliebe
Bedrohung	Hilfsbereitschaft
Zurechtweisung	Ehrlichkeit
Abhängigkeit	Gemeinschaft
Macht	Rücksichtnahme
Beschuldigungen	Behutsamkeit
Abwertung	Anerkennung
Konkurrenzkampf	Vertrauen

(Ein)Stellung

Kommunikationsspiel

Spielart: Kommunikationsspiel	**Alter:** 12–16 Jahre
Thema: kontroverse Themen	**Dauer:** ca. 10 Minuten
Ziel: ▶ Position zu einem Thema beziehen ▶ Argumentieren lernen	**Teilnehmer:** ganze Klasse **Material:** ▶ Seil bzw. lange Schnur ▶ Positionsblätter

Beschreibung

Die Schüler lesen einen Sachtext, der ein kontroverses Thema behandelt. Der Lehrer formuliert strittige Aussagen, die sich auf den Text beziehen, und schreibt sie an die Tafel, z.B. „Aktive Euthanasie sollte in bestimmten Fällen erlaubt sein." Die Schüler sollen nun Stellung zu diesen Aussagen nehmen und ihren Standpunkt, auch im wörtlichen Sinne, durch ihre Positionierung im Raum ausdrücken. Zu diesem Zweck wird ein Seil in die Mitte des Klassenraumes gelegt. Links und rechts davon liegen je drei Plakate, die mit jeweils einem der folgenden Sätze beschriftet sind:

▶ Ich stimme überhaupt nicht zu
▶ Ich stimme kaum zu
▶ Ich bin nicht dafür und nicht dagegen
▶ Ich stimme eher zu
▶ Ich stimme weitestgehend zu
▶ Ich stimme 100 %ig zu

Die Aussagen des Lehrers sollten so formuliert sein, dass sie zu einer Stellungnahme herausfordern. Nachdem eine Aussage vorgelesen wurde, platzieren sich die Schüler hinter dem Plakat, das ihre Position repräsentiert. Auf diese Weise muss jeder Stellung beziehen und sich mit den strittigen Sichtweisen auseinandersetzen. Die Anzahl der Schüler hinter den jeweiligen Positionsblättern wird notiert.

Variante

Nach einer ersten Stellungnahme bzw. Positionierung und einer anschließenden Diskussion werden die Positionen erneut überprüft.

(Ein)Stellung

Kommunikationsspiel

Hinweis
Es können Positionsbilder gemacht werden, um später nochmals eventuelle Veränderungen zu überprüfen (Wie viele Schüler haben ihre Meinung geändert? Wer ist wohin gewechselt?).

Reflexion
Die Schüler bilden den Positionen entsprechend Gruppen. Jede Gruppe diskutiert nun für sich, warum sie die jeweilige Meinung vertritt. Später werden die Ergebnisse der unterschiedlichen Gruppen bzw. Positionen bekannt gegeben. Dann wird der Text intensiver erschlossen.

Pressekonferenz

Kommunikationsspiel

Spielart: Kommunikationsspiel, Rollenspiel
Thema: beliebiges Sachthema
Ziel: Informationen zusammenfassen und präsentieren
Alter: 12–19 Jahre

Dauer: ca. 90 Minuten
Teilnehmer: ganze Klasse
Material:
- Tische
- Stühle
- evtl. Videokamera

Beschreibung

Diese Methode eignet sich gut, um freies Sprechen vor anderen zu üben, denn sie verknüpft das Vortragen mit einem kleinen Rollenspiel. Die Schüler sollen sich in die Rolle von Wissenschaftlern oder anderen Experten eines Sachgebietes hineinversetzen. Auf einer Pressekonferenz präsentieren sie einem interessierten Publikum dann die Informationen, die sie zuvor im Unterricht (und evtl. zu Hause) erarbeitet haben. Zur Vorbereitung besprechen die Schüler zunächst im Plenum, welche Figuren bei der Konferenz Auskunft geben können und welche Bereiche des Lerngegenstandes von den einzelnen Personen abgedeckt werden.

Dann teilen sich die Schüler in zwei große Gruppen auf. Eine dieser Gruppen bildet noch einmal mehrere Untergruppen. Jedes dieser Teams bearbeitet einen der zuvor benannten Bereiche des Themas. Dazu haben sie etwa 30 Minuten Zeit. Ein Gruppensprecher soll anschließend die Ergebnisse auf der Konferenz präsentieren. Die zweite Großgruppe bildet das Publikum – die Medienvertreter. Die Schüler in diesem Team überlegen sich Fragen, die zu der Perspektive einer bestimmten Person (z.B. Klatschreporter) passen. Die Pressekonferenz kann dann folgendermaßen ablaufen:

1. Die Experten begrüßen das Publikum und informieren der Reihe nach über ihr Thema.
2. Das Publikum richtet Fragen an die einzelnen Personen.
3. Die Fragen werden beantwortet oder – falls nötig – als Anlass für eine kontroverse Diskussion genommen.
4. Die Experten verabschieden sich.

Pressekonferenz

Kommunikationsspiel

Variante
- Die Pressekonferenz wird mit einer Kamera aufgezeichnet. So kann sie anschließend detaillierter besprochen werden.
- Das Publikum erhält von den Gruppen vorbereitete Presseerklärungen.

Hinweis
Der Raum sollte entsprechend gestaltet werden. Die Fachleute stehen an einem Pult oder sitzen an Tischen, die Medienvertreter sitzen ihnen gegenüber.

Reflexion
Der Verlauf der Konferenz wird im Plenum besprochen. Dabei ist besonders wichtig, ob die einzelnen Inhalte und Positionen überzeugend präsentiert wurden.

Wertemarkt

Kommunikationsspiel

Spielart: Kommunikationsspiel, Rollenspiel

Thema: Wertebewusstsein

Ziel:
- Interesse an einem Thema wecken
- einführende Informationen sammeln

Alter: 14–19 Jahre

Dauer: ca. 20 Minuten

Teilnehmer: ganze Klasse

Material:
- Tische
- Wertekarten

Beschreibung

Dieses Spiel bedient sich der Praxis der Marktschreier. Die Schüler übernehmen die Rollen von Marktbesuchern und Verkäufern und stellen sich vor, dass sie über einen Markt gehen, auf dem unterschiedliche Angebote, nämlich verschiedene Werte, angepriesen werden (auf Seite 38 finden Sie eine Liste mit möglichen Werten). Die Marktschreier wollen ihre Werte möglichst gut anbieten. Es gibt mehrere Stände, an denen jeweils ein Verkäufer möglichst laut seinen Wert anpreist. Dabei können die Marktbesucher auch Fragen stellen („Hilfsbereitschaft ist doch ein Ding von gestern. Jeder muss doch an sich denken, um zu überleben!"). Laut schreit der Verkäufer seine Antwort in die Menge. Die Marktbesucher ziehen von Stand zu Stand.

Variante

- Neben den verbalen Anpreisungen liegen auf den Tischen Informationsmaterialien, durch die sich Besucher informieren können.
- Auf den Tischen liegen Karten, auf denen der jeweilige Wert notiert ist. Wenn ein Besucher überzeugt von den Verkaufsargumenten des Marktschreiers ist, nimmt er sich eine Karte mit.
- Es können auch neue Marktstände eröffnet werden bzw. welche mangels Interesse geschlossen werden.
- Interessant wäre auch ein Stand, der den Ausverkauf der Werte anbietet.

Wertemarkt

Kommunikationsspiel

Hinweis
Da es bei diesem Spiel laut zugeht, sollte ein entsprechend schalldichter Raum genutzt werden (z.B. Turnhalle, Aula). Es sollte ein großer Raum zur Verfügung stehen.

Reflexion
- An welchem Stand gab es die meisten Interessenten?
- Wer hatte die besten bzw. schlechtesten Argumente?
- Für welche Werte hat sich niemand interessiert (und woran lag das wohl)?

Werteliste

Kopiervorlage

Anerkennung
Ansehen
Anstand
Aufmerksamkeit
Barmherzigkeit
Behutsamkeit
Bescheidenheit
Besitz
Bildung
Dankbarkeit
Demut
Disziplin
Duldsamkeit
Echtheit
Ehre
Ehrfurcht
Ehrgeiz
Ehrlichkeit
Eintracht
Enthaltsamkeit
Entschlossenheit
Fairness
Fantasie
Faulheit
Feinfühligkeit
Fleiß
Freiheit
Freundlichkeit
Friedfertigkeit
Geduld
Gelassenheit
Gemeinwohl
Genügsamkeit
Genuss
Gerechtigkeit
Gewissenhaftigkeit
Glaubwürdigkeit
Großzügigkeit
Güte
Harmonie
Härte
Heiterkeit
Hilfsbereitschaft

Hoffnung
Höflichkeit
Humor
Ichstärke
Idealismus
Kaltblütigkeit
Kameradschaft
Klugheit
Konzentration
Körperkraft
Korrektheit
Kreativität
Kritikfähigkeit
Leichtigkeit
Leidenschaft
Leistung
Liebe
Loyalität
Macht
Menschlichkeit
Mitgefühl
Mitleid
Mut
Nachgiebigkeit
Nächstenliebe
Naivität
Neugier
Neutralität
Offenheit
Optimismus
Ordnung
Originalität
Perfektion
Pflichtgefühl
Pünktlichkeit
Redlichkeit
Reichtum
Respekt
Rücksicht
Ruhe
Ruhm
Sanftmut
Sauberkeit

Scharfsinnigkeit
Schlagfertigkeit
Schönheit
Selbstbewusstsein
Selbstlosigkeit
Seriosität
Sittsamkeit
Solidarität
Sorgfalt
Sparsamkeit
Spontaneität
Standhaftigkeit
Strebsamkeit
Strenge
Tapferkeit
Tatkraft
Toleranz
Treue
Tüchtigkeit
Unbefangenheit
Verantwortung
Vergnügen
Verlässlichkeit
Vernunft
Verschwiegenheit
Versöhnlichkeit
Vertrauen
Verzicht
Vorbildlichkeit
Wachsamkeit
Wahrhaftigkeit
Wahrheit
Weisheit
Weitblick
Wissbegierde
Wohlstand
Wohlwollen
Würde
Zielstrebigkeit
Zivilcourage
Zufriedenheit
Zusammenarbeit
Zuverlässigkeit

Sprachverwirrung

Kommunikationsspiel

Spielart: Kommunikationsspiel

Themen: Diskriminierung, Ausgrenzung, Integration, Vorurteile

Ziel: sprachliche Ausgrenzung erfahren

Alter: 14–19 Jahre

Dauer: ca. 20 Minuten

Teilnehmer: ganze Klasse

Material: –

Beschreibung

Drei freiwillige Schüler verlassen den Raum. Sie erhalten keinerlei Informationen. Alle anderen Schüler bilden eine Diskussionsrunde und führen eine Pro- & Kontra-Diskussion zum Thema Diskriminierung durch. Die Gruppe einigt sich auf drei Schlüsselbegriffe, die bei der Diskussion nicht ausgesprochen werden dürfen (z.B. Diskriminierung, Vorurteil, Ausgrenzung). Die drei Begriffe werden durch andere Wörter ersetzt. Die Diskussionsrunde beginnt das Gespräch und verwendet dabei die verschlüsselte Sprache. Wenn sich ein Schüler verspricht und den Originalbegriff verwendet, weisen ihn die Zuhörer durch eine festgelegte Geste (z.B. Gähnen) darauf hin. Wenn die Teilnehmer die Sprachverwirrung beherrschen, werden die drei Schüler wieder in die Klasse gebeten. Sie haben die Aufgabe, sich an der Diskussion zu beteiligen und sich zu integrieren.

Variante

- Die freiwilligen Schüler werden nach und nach in den Gesprächskreis einbezogen.
- Die freiwilligen Schüler müssen nicht unbedingt an der Diskussion teilnehmen, sondern fungieren als stille Beobachter.

Hinweis

Das Spiel verlangt ein hohes Maß an Konzentration.

Reflexion

Beim anschließenden Gespräch sollen die freiwilligen Schüler zunächst erzählen, ob sie verstanden haben, über welches Thema diskutiert wurde. Sie berichten über ihre Erfahrung, sprachlich aus der Gruppe ausgeschlossen zu sein. Auch die anderen Gesprächsteilnehmer berichten von ihren Erfahrungen während des Spiels.

Religion und Ethik

Bist du glücklich?

Kommunikationsspiel

Spielart: Kommunikationsspiel	**Alter:** 14–19 Jahre
Themen: Weltanschauungen, Manipulation, Sekten	**Dauer:** ca. 20 Minuten
	Teilnehmer: ganze Klasse
Ziel: spielerisch einen Einblick in die Werbemethoden von Sekten bekommen	**Material:** –

Beschreibung
Der Lehrer hat etwa fünf Schüler auf das Spiel vorbereitet. Sie sollen ihre Mitschüler mit der Frage „Bist du glücklich?" konfrontieren. Dafür bittet der Lehrer die Klasse, sich im Klassenraum zu verteilen, alleine zu stehen, zu zweit oder in Gruppen. Anschließend gehen die Fragenden zu den Mitschülern und sprechen einzelne Personen gezielt an. Dabei sollen sie genau hinhören und sich merken, was die Angesprochenen antworten und wie sie sich dabei verhalten.

Variante
Die Fragenden konfrontieren ihre Mitschüler mit anderen Fragen, die zum Nachdenken anregen (z.B. Wieso sollte es dich geben?, Wer akzeptiert dich, wie du bist?).

Hinweis
Dieses Spiel bietet eine gute Hinführung zu der Auseinandersetzung mit den Werbemethoden mancher Sekten. Sie sprechen Menschen in ihrer momentanen Befindlichkeit an. Meist ist eine unsichere oder negative Antwort der Angesprochenen ein erster Schritt der Kontaktaufnahme.

Reflexion
Bei diesem Spiel geht es vor allem um die Methoden, die manche Sekten anwenden, um Menschen an sich und ihre Lehren zu binden. Daher sollte im Gespräch reflektiert werden, wie die Angesprochenen die Frage empfunden haben und warum sie eine bestimmte Antwort gegeben haben. Die Fragenden berichten ebenfalls, wie sie die Antworten erlebt haben. Dabei sollte auch berücksichtigt werden, ob die Angesprochenen alleine oder in Gruppen zusammenstanden.

Falschmeldung

Kommunikationsspiel

Spielart: Kommunikationsspiel

Thema: beliebiges Sachthema

Ziel:
- Ergebnissicherung
- Wiederholung des Erlernten
- Einüben des freien Vortrags

Alter: 10–14 Jahre

Dauer: ca. 20 Minuten

Teilnehmer: ganze Klasse

Material: –

Beschreibung

Ein Schüler hält vor seinen Mitschülern einen kleinen Vortrag zu einem behandelten Thema. Dabei baut er gezielt falsche Informationen ein (z.B. „Bartimäus war ein Zöllner, der den Menschen viel Geld abnahm"). Wer den Fehler entdeckt, ruft laut „falsch" und korrigiert ihn. Der Rufer kann nun mit dem Erzählen fortfahren und neue Fehler einbauen.

Variante

- Es können bei diesem Spiel Punkte gesammelt werden: Für jede geratene Falschmeldung gibt es einen Pluspunkt. Wer jedoch einen richtigen Sachverhalt anzweifelt, erhält einen Minuspunkt. Wenn dieses Spiel im Laufe des Schuljahres bei jedem Thema eingesetzt wird, kann der Klassensieger ermittelt werden.
- Das Spiel kann auch in schriftlicher Form durchgeführt werden. Hierbei werden in mehreren Gruppen Texte mit falschen Informationen geschrieben, die dann ausgetauscht und korrigiert werden können.

Hinweis

Bei diesem Spiel geht es darum, gezielt falsche Informationen über einen Lernstoff zu nennen. Gerade durch die Fehler können sich die richtigen Ergebnisse besser einprägen.

Reflexion

Alle überlegen, welche Sachverhalte oder Begriffe des Themas nicht so gut behalten werden konnten.
Die Begriffe werden gesammelt und an der Tafel notiert.

Malen nach Worten

Kommunikationsspiel

Spielart: Kommunikationsspiel, Kreativspiel

Themen: Wahrnehmung, Vorurteile, Konflikte

Ziel:
- die Wahrnehmung verbessern und schärfen
- Ursachen von Vorurteilen und Konflikten erkennen

Alter: 14 – 19 Jahre

Dauer: ca. 30 Minuten

Teilnehmer: ganze Klasse

Material:
- Papier
- Stifte
- Zeichnung (siehe Seite 44)

Beschreibung

Ein Freiwilliger wird gesucht, der von sich behaupten kann, Dinge gut wahrnehmen und beschreiben zu können. Alle Schüler erhalten ein leeres weißes Blatt Papier und einen Stift. Der Freiwillige (Beschreiber) erhält die beiliegende Zeichnung. Er schaut sich das Bild zunächst in Ruhe an. Dann soll er die Zeichnung so genau erklären, dass die Mitschüler ein möglichst exaktes Abbild davon auf ihr Blatt malen können. Während des Spiels darf nicht nachgefragt werden. Wenn der Beschreiber fertig ist, erhalten alle Schüler die Originalzeichnung und können sie mit ihrem Ergebnis vergleichen.

Variante

- Es darf eine Verständnisfrage gestellt werden, auf die sich die Zeichner einigen.
- Das Spiel kann auch in mehreren Phasen verlaufen. Drei Schüler werden aus dem Raum geschickt. Ein freiwilliger Schüler schaut sich die Zeichnung genau an. Ein erster Schüler wird wieder in den Raum gerufen. Der Freiwillige beschreibt ihm das Bild. Ein zweiter Schüler wird in den Raum gerufen. Der erste Schüler beschreibt ihm, was er gehört hat. Schließlich wird der dritte Schüler gerufen. Der zweite erläutert das Bild und der Hereingerufene malt die Zeichnung auf ein Blatt Papier. Anschließend werden Original und Kopie verglichen.
- Es werden mehrere Gruppen gebildet, die jeweils eine andere Zeichnung erhalten. Die einzelnen Gruppen beschreiben ihr Bild schriftlich. Diese werden an andere Gruppen verteilt, die dann das Bild nach der Beschreibung malen sollen.

Malen nach Worten

Kommunikationsspiel

Hinweis
Bei diesem Spiel ist es wichtig, den Transfer zu leisten und die Ergebnisse auf das menschliche Verhalten zu übertragen.

Reflexion
Obwohl alle Schüler dieselben Informationen erhalten haben, unterscheiden sich die Ergebnisse voneinander. Worin liegen die Gründe für die Abweichungen? Das Gespräch zielt auf die Feststellung, dass wir auch im Alltag Menschen und Dinge sehr unterschiedlich wahrnehmen. Das führt häufig dazu, dass wir Menschen falsch beurteilen, weshalb allzu oft Vorurteile und Konflikte entstehen.

Malen nach Worten

Kopiervorlage

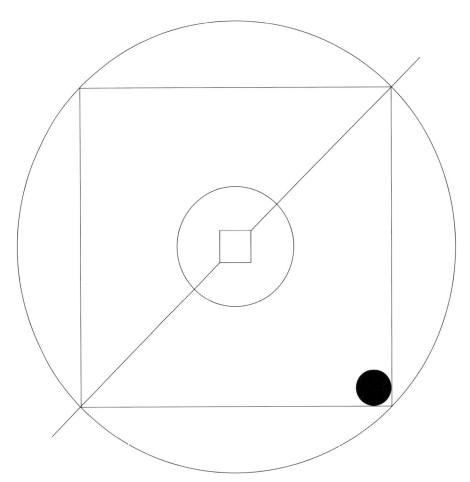

Daumen hoch!

Kommunikationsspiel

Spielart: Kommunikationsspiel, Motivationsspiel
Thema: Reflexion und Feedback
Ziel: eine Unterrichtsstunde oder -einheit reflektieren
Alter: 10–19 Jahre
Dauer: ca. 30 Minuten
Teilnehmer: ganze Klasse
Material:
- Papier
- Stifte

Beschreibung

Ziel des Spiels ist es, dass die Schüler Feedback zu einer Unterrichtsstunde oder -einheit geben. Dafür erhalten alle Schüler ein leeres Blatt Papier. Darauf malen sie den Umriss ihrer Hand. Die einzelnen Finger werden mit Fragen beschriftet.

Daumen: Was hat mir besonders gut gefallen?
Zeigefinger: Was habe ich gelernt?
Mittelfinger: Was hat mir nicht gefallen?
Ringfinger: Wie war die Atmosphäre in der Lerngruppe?
Kleiner Finger: Was ist zu kurz gekommen?

In die einzelnen Finger schreiben die Schüler ihre Antworten. Die einzelnen Blätter werden aufgehängt, und alle können sich die Ergebnisse anschauen.

Variante

- Es wird eine Riesenhand mit den entsprechenden Fragen aufgehängt, in die die Schüler ihre Antworten eintragen.
- Die Riesenhand hängt während der gesamten Lerneinheit aus. Die Schüler können auch zwischendurch ihre Antworten eintragen.
- Es werden verschiedene Hände nach unterschiedlichen Themenschwerpunkten aufgehängt.

Hinweis

Reflexionen müssen nicht immer ausdiskutiert werden.

Reflexion

Nach dem Betrachten der einzelnen Reflexionen haben alle die Möglichkeit, ihre Erfahrungen kurz zu benennen. Dabei ist keine Diskussion vorgesehen.

Krisengeschichte

Kommunikationsspiel

Spielart: Kommunikationsspiel

Thema: Themen zu kritischen Lebenssituationen (z.B. Sterbehilfe, Schwangerschaftsabbruch, Suizid)

Ziel: erzählerisch Problemlösungswege finden

Alter: 14–19 Jahre

Dauer: ca. 20 Minuten

Teilnehmer: ganze Klasse

Material: –

Beschreibung
Der Lehrer beginnt, den Anfang einer Geschichte zu erzählen. Dabei werden Themen angesprochen, bei denen es um kritische Lebenssituationen geht. Aufgabe der Schüler ist es, nacheinander die Geschichte weiterzuerzählen, bis sie schließlich ein vorläufiges Ende findet.
Beispiel: Katrin weiß nicht mehr, was sie machen soll. Nach einem Schwangerschaftstest steht nun fest, dass sie ein Kind in sich trägt. Was soll sie tun? ...

Variante
- Der Lehrer gibt eine Liste mit Begriffen vor, die in der Geschichte vorkommen müssen.
- Nachdem der Lehrer den Anfang der Geschichte erzählt hat, wird sie in mehreren Gruppen weiterentwickelt.

Hinweis
Das Erzählspiel will dabei helfen, Themen, bei denen es um kritische Lebenssituationen geht, erzählerisch zu bearbeiten. Es eignet sich sowohl als Einstieg als auch als Abschluss eines Themas.

Reflexion
Worin besteht die problematische Situation in der Geschichte? Sind alle mit dem Verlauf einverstanden? Welche anderen Möglichkeiten hätte es gegeben? An der Tafel werden in einer Pro- und Kontra-Liste die in der Geschichte genannten Argumente nochmals notiert.

Sprichwörtliches

Kommunikationsspiel

Spielart: Kommunikationsspiel
Thema: Wertebewusstsein
Ziel: die Bedeutung von Werten erkennen und beurteilen
Alter: 14–19 Jahre

Dauer: ca. 30 Minuten
Teilnehmer: ganze Klasse
Material: Karten mit Sprichwörtern (eine Sammlung finden Sie auf der nächsten Seite)

Beschreibung

Der Lehrer hält Karten bereit, auf denen Sprichwörter notiert sind. Er erzählt den Schülern, dass sich in den Sprichwörtern, die z.T. sehr alt sind, Lebensweisheiten der Menschen in einem Satz bündeln. Sie drückten damit aus, welche Werte ihnen wichtig waren. Die Klasse wird in zwei Gruppen aufgeteilt. Die Mitglieder der ersten Gruppe ziehen sich jeweils eine Karte. Jeder soll sich nun unter den Mitschülern einen Gesprächspartner suchen, der keine Karte gezogen hat. Er liest ihm das Sprichwort vor, und beide diskutieren kurz, welcher Wert hinter dem Sprichwort steht und was er heute noch bedeuten kann. Nacheinander wechseln die Gesprächspartner, bis alle Mitglieder der zweiten Gruppe befragt wurden. Die Kartenbesitzer lesen ihr Sprichwort vor und schreiben die gefundenen Werthaltungen an die Tafel.

Variante

- Alle Schüler erhalten jeweils eine Karte mit einem Sprichwort und versuchen, in einer vorgegebenen Zeit möglichst viele Gespräche zu führen.
- Die Schüler sammeln vor Spielbeginn selbst Sprichwörter, die sie kennen.

Hinweis

Damit es zu keinem Gesprächschaos kommt, sollte die Zeit der einzelnen Gespräche vorher festgelegt und durch ein Signal verdeutlicht werden.

Reflexion

In einem Klassengespräch wird gemeinsam überlegt, warum bestimmte Werte für die Menschen über Generationen bedeutsam sind. Wichtig ist, darauf hinzuweisen, dass sich Werte und deren Bedeutung im Laufe der Zeit verändern können.

Sprichwörter

Kopiervorlage

- Aufgeschoben ist nicht aufgehoben
- Beim Geld hört die Freundschaft auf
- Bellende Hunde beißen nicht
- Das Ei will klüger sein als die Henne
- Der Prophet gilt nichts in seinem Vaterland
- Der Schein trügt
- Der Stärkere hat immer Recht
- Der Ton macht die Musik
- Die dümmsten Bauern haben die dicksten Kartoffeln
- Ehrlich währt am längsten
- Ein blindes Huhn findet auch mal ein Korn
- Ein gutes Gewissen ist ein sanftes Ruhekissen
- Einem geschenkten Gaul schaut man nicht ins Maul
- Ende gut alles gut
- Erst die Arbeit, dann das Vergnügen
- Es ist noch kein Meister vom Himmel gefallen
- Fallen ist keine Schande, aber liegen bleiben
- Freunde erkennt man in der Not
- Geben ist seliger denn Nehmen
- Geteiltes Leid ist halbes Leid
- Glaube versetzt Berge

- Hochmut kommt vor dem Fall
- Irren ist menschlich
- Jeder ist sich selbst der Nächste
- Lehrjahre sind keine Herrenjahre
- Lügen haben kurze Beine
- Nichts wird so heiß gegessen, wie es gekocht wird
- Ohne Fleiß kein Preis
- Reden ist Silber, Schweigen ist Gold
- Spare in der Zeit, so hast du in der Not
- Übermut tut selten gut
- Übung macht den Meister
- Undank ist der Welten Lohn
- Unkraut vergeht nicht
- Vorsicht ist die Mutter der Porzellankiste
- Was du heute kannst besorgen, das verschiebe nicht auf morgen
- Was ich nicht weiß, macht mich nicht heiß
- Was du nicht willst, dass man dir tu, das füg auch keinem andern zu
- Wer den Pfennig nicht ehrt, ist des Talers nicht wert
- Wer einmal lügt, dem glaubt man nicht, und wenn er auch die Wahrheit spricht
- Wer nicht hören will, muss fühlen
- Wer nicht wagt, der nicht gewinnt

© Verlag an der Ruhr | Postfach 10 22 51 | 45422 Mülheim an der Ruhr | www.verlagruhr.de | ISBN 978-3-8346-0598-6

Pro- und Kontra-Stühle

Kommunikationsspiel

Spielart: Kommunikationsspiel
Thema: beliebiges Sachthema
Ziel: Argumentieren lernen
Alter: 12–19 Jahre

Dauer: ca. 15 Minuten
Teilnehmer: ganze Klasse
Material: zwei Stühle

Beschreibung
Zwei Stühle – ein Pro- und ein Kontra-Stuhl – werden gegenüber aufgestellt. Der Lehrer gibt ein beliebiges Sachthema bekannt und fordert die Schüler auf, sich nacheinander auf einen der Stühle zu setzen und zu diesem Thema Argumente pro oder kontra zu formulieren. Dabei müssen die Stühle nicht abwechselnd (pro und kontra) besetzt werden. Es spricht immer nur eine Person. Nach der Formulierung des Arguments steht der Schüler auf und geht zurück auf seinen Platz. Einzelne Schüler haben die Aufgabe, die Argumente zu notieren. Wenn kein Stuhl mehr besetzt wird, ist das Spiel beendet.

Variante
Zwei Schüler sitzen sich gegenüber und diskutieren ein Thema. Wenn einer nichts mehr zu sagen hat, verlässt er den Platz, der dann von einem anderen besetzt werden kann.

Hinweis
Das Spiel muss mit viel Disziplin ablaufen, damit alles verstanden werden kann, was die Spieler aussprechen.

Reflexion
Die genannten Argumente werden von den Beobachtern nochmals wiederholt und an der Tafel notiert. Es folgt eine Diskussion darüber.

Telefonieren

Kommunikationsspiel

Spielart: Kommunikationsspiel

Thema: beliebiges Sachthema

Ziel: ▶ über ein Thema diskutieren
▶ Argumentieren lernen

Alter: 14–19 Jahre

Dauer: ca. 20 Minuten

Teilnehmer: ganze Klasse

Material: ▶ Papier
▶ Stifte

Beschreibung
Jeder Schüler, und auch der Lehrer, erhält eine persönliche Telefonnummer, die sich die Schüler ausdenken und gut sichtbar für jeden auf einen Zettel schreiben. Der Lehrer ruft eine Telefonnummer auf und beginnt ein Gespräch („Hallo Heike, hast du schon gehört: Der Vatikan hat sich in seinem neuesten Schreiben nochmals gegen die Verwendung von Kondomen bei der AIDS-Bekämpfung ausgesprochen."). Die beiden Teilnehmer unterhalten sich über das Thema. Nach einiger Zeit nennt der Lehrer zwei neue Nummern. Die beiden Teilnehmer setzen das Gespräch fort. Das Spiel ist beendet, wenn alle Schüler an dem Telefonat beteiligt waren.

Variante
▶ Die Schüler können sich in das Telefongespräch einmischen, indem sie einen sprechenden Teilnehmer anwählen (Nummer nennen).
▶ In einer Konferenzschaltung können mehrere Teilnehmer miteinander telefonieren.

Hinweis
Das Telefonspiel bietet eine gute Möglichkeit, auch Schüler, die sonst eher ruhig sind, in das Gespräch einzubinden.

Reflexion
Welche Argumente wurden zum Thema genannt?
Welche waren am sachlichsten und überzeugendsten?

Der heiße Stuhl

Kommunikationsspiel

Spielart: Kommunikationsspiel

Themen: Schöpfung, Evolution, Kreationismus

Ziel:
- provokative Auseinandersetzung mit einem Thema
- Sammeln von Argumenten

Alter: 14–19 Jahre

Dauer: ca. 45 Minuten

Teilnehmer: ganze Klasse

Material: Stühle

Beschreibung

Bei diesem Spiel soll ein Schüler eine provokative These formulieren und diese verteidigen. Dabei sitzt er auf einem so genannten „heißen Stuhl". Das Thema kann etwa lauten: „Die Erde und alles Leben wurden von einem Schöpfergott geschaffen, so wie es die Bibel beschreibt!" Zunächst sammelt er mit Hilfe einiger Mitschüler Argumente, um seine These zu begründen. Die anderen Mitschüler bilden mehrere Gruppen und sammeln Gegenargumente. Ein weiterer Mitschüler übernimmt die Rolle des Moderators. Zuerst hat der Provokateur das Wort, indem er seine These in einem kurzen Vortrag erläutert. Danach kann sich das Publikum mit Fragen oder sachlichen Beiträgen beteiligen. Der Moderator selbst kann ebenfalls Fragen stellen.

Variante

- Es ist auch möglich, mehrere „heiße Stühle" aufzustellen, deren Vertreter gegensätzliche Positionen einnehmen.
- Die Schüler bereiten sich in einer gesonderten Unterrichtsstunde intensiv auf das Thema vor.
- Es können beliebige Themen diskutiert werden.

Hinweis

- Der Moderator sollte besonders gut vorbereitet sein.
- Für dieses Spiel eignen sich besonders kontroverse Themen.

Reflexion

Welche Argumente wurden genannt? War der Provokateur überzeugend in seiner Argumentation?

Ethikrunde

Kommunikationsspiel

Spielart: Kommunikationsspiel
Thema: ethische Grundbegriffe
Ziel: ♦ ethische Grundbegriffe mit Leben füllen
♦ Einführung in die Ethik

Alter: 14–19 Jahre
Dauer: ca. 30 Minuten
Teilnehmer: ganze Klasse
Material: –

Beschreibung

Der Lehrer legt in einer großen Runde Blätter aus, auf denen ethische Grundbegriffe (Freiheit, Verantwortung, Gewissen, Schuld, Wert, Norm, Gerechtigkeit, Moral, Tugend, Pflicht, Glück, Wahrheit) notiert sind. Freiwillige stellen sich neben die Begriffsblätter. Die Aufgabe der restlichen Schüler besteht darin, zu den einzelnen Vertretern der Begriffe zu gehen und ihnen mitzuteilen, was sie für ihr Leben bedeuten (z.B. „Freiheit, du bist etwas, von dem ich träume, aber das ich noch nicht erreicht habe" oder „Glück, ich kenne dich, denn wir sind uns schon oft begegnet"). Die Spieler merken sich, was ihnen gesagt wurde. In einer abschließenden Runde versuchen die Spieler, die wichtigsten Aussagen zu wiederholen (Schuld: „Es wurde mir gesagt, dass ich ein unangenehmer Zeitgenosse bin").

Variante

♦ Einige Schüler haben die Aufgabe, die Aussagen der abschließenden Runde zu notieren und für die weiteren Gespräche zusammenzufassen.
♦ Die Ergebnisse der Runde werden mit Definitionen in Lehrbüchern verglichen.

Hinweis

Das Spiel eignet sich gut, um theoretische Grundlagen lebensweltorientiert aufzuarbeiten.

Reflexion

Wie habe ich mich als „ethischer Grundbegriff" gefühlt?
Wie könnten wir mit den Ergebnissen weiterarbeiten?

Entscheide dich!

Rollenspiel

Spielart: Rollenspiel, Kommunikationsspiel

Themen: ethische Konfliktsituationen, Dilemmata

Ziel:
- Einüben von Kommunikation
- Argumente finden und ausdrücken
- Position beziehen und Entscheidungen treffen
- Ethische Fragestellungen reflektieren

Alter: 14–19 Jahre

Dauer: ca. 45 Minuten

Teilnehmer: 10 Rollenspieler, restliche Klasse als Beobachter

Material: Rollenkarten (siehe Kopiervorlage)

Beschreibung

Die Situation:

Nach einem heftigen Sturm sinkt ein Kreuzfahrtschiff. Zehn Personen nutzen die Chance und retten sich in ein Boot. Doch es gibt ein Problem: Das Boot droht, zu sinken, weil es zu schwer ist. Eine Person ist zu viel und muss das Boot verlassen. Innerhalb von zehn Minuten muss die Entscheidung getroffen werden, welche Person es trifft.

Spielverlauf:

Der Lehrer erläutert den Schülern die Spielsituation. Anschließend verteilt er die auf der folgenden Seite abgedruckten Karten, die vorgegebene Rollen beschreiben. Die Schüler wissen vorher nicht, welche Rolle sie spielen werden; die Beobachter erfahren erst während des Rollenspiels, welche Rollen es gibt. Nun versuchen die Schüler, sich in ihre Rolle hineinzudenken. Dann beginnt das Rollenspiel. Jeder Bootsinsasse versucht, die anderen davon zu überzeugen, dass gerade er im Boot bleiben muss. Kommen die Teilnehmer innerhalb der festgelegten Zeit zu einer Lösung? Aufgabe des Publikums ist es, das Verhalten und die Argumentation der einzelnen Spieler und die Gruppendynamik zu beobachten.

Variante

- In dem fiktiven Boot sitzen bekannte Personen aus der Bibel (Rollenkarten dazu finden Sie als Kopiervorlage). Zur Vorbereitung auf das Spiel werden die Rollen bereits vorher bekannt gegeben und verteilt. Die Rollenspieler bereiten sich zu Hause auf ihre Rolle vor.

Religion und Ethik

Entscheide dich!

Rollenspiel

- Die Mitspieler denken sich selbst eine Rolle aus.
- Was passiert, wenn jemand freiwillig bereit ist, das Boot zu verlassen? Wie begründet er seine Entscheidung, und wie werden die anderen Bootsinsassen reagieren?

Hinweis
Die Schüler sollten freiwillig mitspielen. Nach dem Ende des Spiels sollte deutlich gemacht werden, dass es sich nur um gespielte Rollen handelt. Falls die Diskussion nachlässt, kann der Lehrer die Entscheidungsfindung vorantreiben („Nur noch zwei Minuten"/„Das Boot ist bereits dreiviertel mit Wasser gefüllt").

Reflexion
Im Anschluss an das Spiel unterhalten sich die Schüler über ihre Beobachtung und Erfahrungen:
- Wie haben sich die einzelnen Spieler in ihrer Rolle verhalten?
- Wie kamen sie zur Lösung des Problems?
- Hätte es auch eine andere Lösungsmöglichkeit gegeben?
- Wenn wir das Boot als eine Art Spiegelbild für unsere Gesellschaft sehen: Wie gehen wir mit den Schwächeren um?
- Darf man einen Menschen opfern, um andere zu retten?

Rollenkarten

Kopiervorlage

Ein Jugendlicher mit Null-Bock-Haltung
Dir ist alles gleichgültig. Die anderen Menschen interessieren dich nicht. Wichtig ist nur, dass es dir gut geht. Doch in dieser Situation merkst du plötzlich, dass du auf andere angewiesen bist.

Ein Unternehmer
Die Wirtschaftskrise hat dich voll getroffen. Deine 800 Angestellten brauchen dich jetzt unbedingt, denn du musst den Betrieb retten.

Ein Millionär
Du hast sehr viel Geld und zählst ständig auf, was du alles besitzt. Ein wenig davon könnte nach der Rettung auch den anderen Bootsinsassen zukommen.

Ein Mensch mit einer Behinderung
Du bist schwer körperlich behindert und immer auf die Hilfe anderer Menschen angewiesen. Deine Betreuerin ist nicht an Bord.

Eine alleinerziehende Mutter
Du lebst alleine mit deinen vier Kindern, denn dein Mann hat dich verlassen. Die Kinder warten zu Hause auf dich. Die Reise hast du bei einem Preisausschreiben gewonnen.

Ein Rentner
Ein Leben lang warst du fleißig, und nun hast du dir diese Reise gegönnt. Dein Ziel ist ein schöner Lebensabend. Das ist die Gesellschaft dir schuldig.

Ein Jurist
Du bist Rechtsanwalt und versprichst allen, nach der Rettung eine Klage einzureichen, die jedem viel Geld bringen wird.

Ein Model
Du bist nur schön und versuchst, besonders die Männer in der Runde davon zu überzeugen, dass du gerettet werden musst.

Ein Streetworker
Deine Arbeit ist die Betreuung von Jugendlichen, die auf der Straße leben. Für viele bist du der einzige Halt. Sie brauchen dich, um im Leben klarzukommen.

Ein AIDS-Kranker
Du wurdest ohne eigenes Verschulden mit dem HI-Virus angesteckt. Nach Auskunft der Ärzte hast du noch eine Lebenserwartung von etwa zwei Monaten.

Rollenkarten für biblische Personen

Kopiervorlage

Noah
Du verweist gerne auf deine große Tat, bei der du deine Familie und viele Tiere und somit die ganze Menschheit gerettet hast.

Adam
Du versuchst immer wieder, auf Eva einzureden, und erinnerst sie an die Schuld, die sie schon einmal auf sich geladen hat. Denn sonst wäret ihr jetzt nicht in der kritischen Situation, sondern immer noch im Paradies.

Eva
Du fühlst dich seit jeher falsch verstanden. Du hast keine Schuld, sondern das Böse hat sich durchgesetzt. Deshalb hast du Angst, dass das in der jetzigen Situation auch so sein wird.

Jesus
Du hörst genau zu, und vielleicht hast du irgendwann gegen Ende des Gesprächs eine überraschende Lösung, mit der keiner gerechnet hat. Also hör genau zu, was die anderen sagen.

Bartimäus
Durch deine Blindheit bist du sehr sensibel und nimmst die Gefühle der anderen besonders gut wahr. Du verweist auf den Glauben, der auch in deinem Leben schon einmal ganz wichtig war.

Zachäus
Du verweist darauf, dass Jesus dein bester Freund ist und dass er die Rettung und Erlösung sein wird. Alles andere ist Geschwätz.

Judas
Du versuchst, Unruhe in die Gespräche zu bringen, und hetzt die Insassen gegeneinander auf.

Maria
Du bist ziemlich schweigsam und bittest Jesus immer wieder, dass er eingreifen soll.

Barmherziger Samariter
Du bist der uneigennützige Helfer, der nur das Gute will. Für dich ist es wichtig, nicht an sich selbst, sondern immer an die anderen zu denken.

Mose
Du bist die moralische Instanz an Bord und verweist immer wieder auf die zehn Gebote. Auch deine Leitungsqualitäten führst du immer wieder auf. Denn du warst es ja, der schon einmal ein ganzes Volk aus der Gefangenschaft geführt hat.

Der Fall Jesus – Eine Gerichtsverhandlung

Rollenspiel

Spielart: Rollenspiel

Themen: biblische Szenen, ethische Fragestellungen

Ziel: spielerische Auseinandersetzung mit der Sache Jesu

Alter: 14–19 Jahre

Dauer: 3–4 Unterrichtsstunden

Teilnehmer: ca. 12 Rollenspieler, restliche Klasse als Beobachter

Material:
- Bibel
- Rollenkärtchen

Beschreibung

In Form einer fiktiven Gerichtsverhandlung wird der „Fall Jesus" verhandelt. Die Anklage lautet: „Aufhetzung des Volkes mit falschen Versprechungen und Amtsanmaßung".

Vorbereitung:

Die Schüler machen sich mit der Sachlage vertraut (Lk 23,1-25/Mt 27,1-31). Die Ausgangssituation und Problemlage werden vorgestellt: Nach dem Verhör durch Pilatus soll es – anders als in der Bibel berichtet – zu einer Gerichtsverhandlung kommen, bei der die Sachlage nochmals von verschiedenen Seiten betrachtet werden soll. Am Schluss der Verhandlung muss, nach Abwägung aller Positionen, eine Art Urteil stehen.

Die Schüler erhalten eine Einführung in den Ablauf der Verhandlung:

1. Aufruf zur Sache
2. Anwesenheitsfeststellung und Zeugenbelehrung
3. Vernehmung des Angeklagten zur Person
4. Verlesung der Anklageschrift durch den Staatsanwalt
5. Vernehmung des Angeklagten zur Sache
6. Beweisaufnahme
7. Plädoyer des Staatsanwaltes
8. Plädoyer des Verteidigers
9. Schlusswort des Angeklagten
10. Beratung des Gerichts
11. Urteilsverkündung
12. Urteilsformel
13. Urteilsbegründung
14. Rechtsmittelbelehrung

Der Fall Jesus – Eine Gerichtsverhandlung

Rollenspiel

Die Rollen werden verteilt: 1 Richter, 2 Schöffen, 1 Staatsanwalt, 1 Verteidiger, 1 Angeklagter (Jesus), 1 Sachverständiger (Hohepriester), mehrere Zeugen (z.B. Maria Magdalena, Zachäus, Schriftgelehrter, Judas), 1 Protokollführer. Die Darsteller bereiten sich (evtl. mit 2–3 Helfern) auf das Rollenspiel vor. Dazu erhalten sie Kärtchen, auf denen sie ihre Rolle und die Position, die sie vertreten werden, notieren. Diese Informationen dürfen sie nicht an Mitspieler weitergeben. Lediglich Verteidiger und Angeklagter können sich absprechen. Die Spieler nehmen Platz anhand der Sitzordnung eines Gerichtssaals: vorne sitzt der Richter, Verteidiger und Angeklagter sitzen rechts von ihm, der Staatsanwalt zu seiner Linken. Die Zeugen sitzen (im fiktiven Zeugenstand) vor dem Richter, die Zuhörer platzieren sich dahinter.

Die Zeugen warten vor der Tür, bis sie zur Beweisaufnahme aufgerufen werden. Nach ihrer Aussage können sie im Zuschauerraum Platz nehmen. Die Zuschauer erhalten Beobachtungsaufgaben (z.B. als Gerichtsreporter).

Variante

- Für eine Auswertung der Methode ist es sinnvoll, das Rollenspiel mit einer Kamera aufzuzeichnen.
- Als Hausaufgabe schreiben die Schüler einen Text über die Verhandlung (z.B. als Zeitungsbericht oder Leserbrief).

Hinweis

- Nähere Informationen zum Ablauf einer Gerichtsverhandlung enthält die folgende Seite im Internet: www.zum.de/Faecher/Materialien/dittrich/Pruefung/ablauf_einer_gerichtsverhandlung.htm
- Dieses Rollenspiel kann auch als Methode für viele andere Themen genutzt werden. So können nicht nur Situationen aus der Bibel, sondern auch ethische Fragestellungen (z.B. Grenzen der menschlichen Freiheit) anschaulich aufgearbeitet werden.

Reflexion

Zum Schluss wird die Methode ausgewertet, indem noch einmal die unterschiedlichen Positionen wiederholt werden. Die Schüler sollen sich auch dazu äußern, ob sie das Urteil „gerecht" fanden.

Bibliodrama

Rollenspiel

Spielart: Rollenspiel

Thema: biblische Geschichten

Ziel:
- spielerische Auseinandersetzung mit einem Bibeltext
- Identifikation mit einem biblischen Geschehen
- Erkennen von Zusammenhängen
- Einbringen eigener Erfahrungen

Alter: 14–19 Jahre

Dauer: ca. 45 Minuten

Teilnehmer: ganze Klasse

Material: biblischer Text

Beschreibung

Phasen:

- Ein beliebiger, vorher vom Lehrer ausgewählter, biblischer Text wird vorgestellt und gelesen.
- Die Schüler benennen die Personen und beschreiben die Handlung. (Worum geht es? Welche Rolle spielen die Personen? Wo liegt ein möglicher Konflikt? Welche Erfahrungen habe ich mit ähnlichen Situationen?)
- Die einzelnen Rollen werden verteilt. Die Darsteller versuchen, sich intensiv in die Person hineinzuversetzen und sich mit ihr zu identifizieren.
- Der Lehrer erläutert das Spiel: Die Schüler sollen versuchen, den biblischen Text so zu spielen, dass sie ihre zugewiesene Rolle sowie ihre Gedanken und Gefühle zu dieser Rolle ausdrücken können. Sie spielen das Geschehen nach, aber versuchen, das Innere der handelnden Personen nach außen auszudrücken.
- Der Lehrer liest nochmals die biblische Geschichte vor, und die Spielhandlung beginnt.

Variante

Die einzelnen Phasen des Bibliodramas werden auf einen ganzen Unterrichtstag verteilt.

Bibliodrama

Rollenspiel

Hinweis
- Beim Bibliodrama geht es vor allem um ein inneres Erleben durch die Identifikation mit einer biblischen Rolle, um so einen persönlichen Zugang zur biblischen Geschichte zu erhalten.
- Interessante Links zum Thema Bibliodrama finden sich unter:
  www.bibliodrama-gesellschaft.de/html/links.html

Reflexion
Bei der Reflexion sollte deutlich werden, dass es kein Richtig oder Falsch gibt. Die Schüler drücken aus, wie sie sich in der Rolle gefühlt haben und was das Dargestellte mit ihnen selbst und ihrem Leben zu tun hat. Welche neuen Zugänge gibt es zu der biblischen Geschichte?

Der Streitschlichter

Rollenspiel

Spielart: Rollenspiel

Thema: Konfliktlösung

Ziel: Wege der Streitschlichtung suchen und finden

Alter: 14–19 Jahre

Dauer: ca. 45 Minuten

Teilnehmer: ganze Klasse

Material: ▸ Konfliktsituationen
▸ Rollenliste (siehe Kopiervorlage)

Beschreibung
Der Lehrer erläutert, dass das Spiel als beispielhafte Möglichkeit zeigen soll, wie Konflikte zufriedenstellend gelöst werden können. Dafür schlüpfen mehrere Schüler in verschiedene Rollen. Als Erstes wird ein Schüler als der STREITSCHLICHTER ausgewählt, der den folgenden Auftrag bekommt.

Auftrag:
Deine Aufgabe ist es, Frieden zu stiften. Du kennst den Konflikt und die Konfliktpartner. Du entscheidest nicht, wer Recht oder Unrecht hat, sondern versuchst, beide Seiten zu verstehen und mit ihnen eine akzeptable Lösung zu finden. Wähle einen Konflikt aus der beigefügten Liste aus. An jedem Konflikt sind verschiedene, teils symbolische Rollen (z.B. die Wut, die Harmonie etc.) beteiligt. Wähle aus der zweiten beiliegenden Liste die entsprechenden Rollen aus, und verteile sie auf deine Mitschüler.

Spielregeln:
▸ Zunächst beschreibst du den Verlauf des Spieles.
▸ Nun stellt der „Konflikt" den anderen Mitspielern den Grund des Streits dar.
▸ Dann haben die Konfliktpartner das Wort, die kurz die Lage aus ihrer Sicht schildern.
▸ Die einzelnen Teilnehmer (Gewinner, Verlierer, Harmonie etc.) können nun dazu aus ihrer Sicht Stellung nehmen.
▸ Die Konfliktpartner sollen schließlich formulieren, wie sie sich das Ende des Konflikts vorstellen (Was wünsche ich mir von dem anderen? Was bin ich bereit, zu tun?).
▸ Der „Streitschlichter" fasst das Gesagte zusammen und macht einen konkreten Vorschlag, wie der Konflikt beigelegt werden kann.
▸ Dazu können sich die Teilnehmer nun nochmals äußern.

Der Streitschlichter

Rollenspiel

- Am Ende der Streitschlichtung steht das Formulieren einer gemeinsamen Friedens-Vereinbarung, an die sich die Partner halten müssen. Dabei gibt es keinen Verlierer, sondern nur Gewinner! Alle Anwesenden unterschreiben den Vertrag.
- Du hast deine Aufgabe erfüllt und gibst eine positive Rückmeldung.

Variante
- Die Schüler erfinden selbst Konfliktsituationen.
- Es wird ein aktueller Konflikt in der Klasse bearbeitet.

Hinweis
Es kann mehrere Spielverläufe geben, bei denen die Rollen getauscht werden.

Reflexion
Die gesamte Lerngruppe reflektiert den Verlauf der Konfliktbearbeitung und überlegt, ob das Ergebnis zufriedenstellend ist.

Konfliktsituationen

Kopiervorlage

Claudia hat ein Gerücht über Natascha in die Welt gesetzt. Sie behauptet, diese hätte einer anderen Freundin den Freund ausgespannt.

Maggy hat Probleme mit ihrem Mathematiklehrer. Sie fühlt sich von ihm ungerecht behandelt, weil er ihr immer wieder eine schlechte Mitarbeitsnote gibt.

Sandy hat schon wieder heftig mit ihrem Vater gestritten. Er verlangt von ihr, dass sie abends immer spätestens um 20.00 Uhr zu Hause sein soll.

Hans-Georg beschuldigt Kevin, dass er ihm seinen Taschenrechner gestohlen hat. Er hat als Letzter den Klassenraum verlassen. Deshalb kann nur er es gewesen sein.

Dirk ist sehr sauer auf seinen ehemaligen Freund Horst. Er hat ihn bei einem Fußballspiel absichtlich gefoult, sodass er als bester Stürmer auf dem Platz vorzeitig ausscheiden musste.

Sascha ist der größte und stärkste Junge in der Klasse. Ständig mobbt er den kleinen Marvin und blamiert ihn vor dessen Freunden.

Verena und Nathalie reden schon seit einiger Zeit nicht mehr miteinander und gehen sich aus dem Weg. So richtig weiß keiner mehr, was eigentlich die Ursache dafür ist.

Herr Trobisch ist verzweifelt. Sein Sohn Tobias war an einem Einbruch beteiligt und musste Sozialstunden ableisten. Er will ihm den Umgang mit seiner Clique verbieten. Das versteht Tobias gar nicht.

Sandro ist ein hervorragender Schüler – und das zeigt er auch überall. In sehr arroganter Weise stellt er auch immer wieder Lehrer bloß. Seine Deutschlehrerin bezeichnet er z.B. als unqualifiziert.

Sabine hat bei einer Chemiearbeit alles von der Klassenbesten Martina abgeschrieben. Sie erhielt die Note *sehr gut*. Nun gibt sie damit an, wie einfach es ist, gute Noten zu erhalten, ohne etwas dafür zu tun.

Rollenliste

Kopiervorlage

KONFLIKT

WUT

EIN GEFÜHL

HARMONIE

KONFLIKTPARTNER 1

KONFLIKTPARTNER 2

STREITSCHLICHTER

GEWINNER

VERLIERER

PROVOKATION

Jesus ist da

Rollenspiel

Spielart: Rollenspiel
Thema: Jesus Christus
Ziel: die Botschaft Jesu für unsere Zeit aktualisieren

Alter: 14–19 Jahre
Dauer: ca. 90 Minuten
Teilnehmer: ganze Klasse
Material: Stühle

Beschreibung

Der Lehrer erläutert zunächst die Situation. Anschließend werden die Rollen (siehe Kopiervorlage) verteilt. Die Darsteller bereiten sich kurz vor, indem sie einige Fragen und Argumente notieren (Wer bist du überhaupt? Was habe ich davon, wenn ich an dich glaube? Welche Bedeutung hast du heute noch für mein Leben usw.?). Anschließend wird das Rollenspiel durchgeführt. Die Zuschauer beobachten kritisch den Verlauf des Spiels.

Situation:

Stellt euch vor, dass ihr mit eurer Clique zusammensitzt. Plötzlich geht die Tür auf, und Jesus steht vor euch. Er wolle mal reinschauen und nachhören, was die heutige Jugend von ihm denkt. Er würde gerne in einem Gespräch zeigen, dass seine Botschaft heute noch aktuell ist. So beginnt eine Gesprächsrunde, in der sich jeder mit seinem Leben, seinen Überzeugungen und Fragen einbringen kann. Hat Jesus den jungen Menschen von heute wirklich etwas zu sagen?

Variante

Es kommen weitere Gäste in die Runde (z.B. Paulus, Petrus, Zachäus, der barmherzige Samariter, Jesu Mutter Maria, Papst).

Hinweis

Vielleicht kann der Lehrer die Rolle des Jesus übernehmen. Dies ist sicherlich eine Herausforderung! Es kann mehrere Durchläufe mit unterschiedlichen Rollenbesetzungen geben.

Reflexion

Gemeinsam wird überlegt, was von der Botschaft Jesu heute für junge Menschen hilfreich sein könnte.

Rollen

Kopiervorlage

Marvin ist ein Emo. Er traut sich, seine Gefühle offen zu zeigen, und ist deshalb häufig Opfer von Mobbingattacken. Man erkennt ihn nicht nur an seinen Gefühlen, sondern auch an seiner Kleidung. Er trägt am liebsten schwarz, und seine Haare hängen im Gesicht. Wie hält es Jesus mit den Gefühlen?

Bob bezeichnet sich als Punk. Natürlich hat das nichts mehr mit der ursprünglichen politischen Bewegung zu tun. Sein Punk-Sein äußert sich vorzugsweise im Nichtstun, Rumhängen und Leute anschnorren. Schule und Arbeit hält er für unnütz. Was sagt Jesus dazu?

Gabi ist eine Überfliegerin. Sie war immer die Klassenbeste und macht nun eine Ausbildung in einer Bank. Danach will sie studieren und Karriere machen. „Erfolg und Geld um jeden Preis" lautet ihr Lebensmotto. Wie steht Jesus dazu?

Gerhard hat seinen Hauptschulabschluss nicht geschafft, nachdem er zwei Mal eine Klassenstufe wiederholen musste. Einen Ausbildungsplatz findet er nicht. Er hat die Suche aufgegeben und will in Zukunft, wie seine Eltern, von Hartz IV leben. Hat Jesus wirklich ein Herz für die Armen?

Helen ist eine richtige Partymaus. Feiern und Spaß haben – das ist ihr Leben. Sie macht eine Ausbildung als Verkäuferin in einem Modegeschäft. In ihrer Freizeit ist sie immer auf irgendwelchen Partys oder in Diskotheken. Ist Jesus ein Spaßverderber?

Wolf engagiert sich für die Umwelt und den Klimaschutz. Das ist bei den anderen Jugendlichen nicht unbedingt angesagt. Er hat selbst schon einige Aktionen und Demonstrationen durchgeführt, um Zeichen zu setzen. Seine Frage an Jesus: Ist unsere Erde noch zu retten?

Sebastian ist politisch eher in der rechten Ecke angesiedelt. „So kann es nicht weitergehen", lautet seine Devise. Seiner Meinung nach müsste wieder jemand kommen, der Ordnung schafft und die Faulenzer und Sozialschmarotzer in die Schranken weist. Da wird ihn Jesus sicher nicht unterstützen, denn er ist ja eher der Typ für die zu kurz Gekommenen. Oder?

Clarissa ist ein frommes Mädchen. Sie wurde sehr religiös erzogen, und Jesus ist für sie der Größte. Sie geht regelmäßig in den Gottesdienst. Manchmal will sie auch ihre Freundinnen von ihrem Glauben überzeugen. Wird Jesus sie darin unterstützen?

Max sieht keinen Sinn in seinem Leben. Wenn er in seine Zukunft blickt, sieht er schwarz. Am liebsten würde er freiwillig aus dem Leben aussteigen. Wird Jesus ihm helfen und ihm neuen Lebensmut geben?

Werbespot

Rollenspiel

Spielart: Rollenspiel
Thema: christliche Tugenden
Ziel: spielerische Umsetzung christlicher Tugenden
Alter: 14–19 Jahre

Dauer: ca. 90 Minuten
Teilnehmer: ganze Klasse
Material: evtl. Videokamera und Requisiten für das Rollenspiel

Beschreibung

Glaube, Hoffnung und Liebe sind die drei großen christlichen Tugenden, die das Leben der Menschen bestimmen sollen. Es bedarf einer Aufwertung dieser Tugenden für unsere Zeit. Zu diesem Zweck sollen drei Teams Werbespots erfinden, die die alten christlichen Werte für unsere Zeit ansprechend, unterhaltsam und kreativ darstellen. Zunächst werden die Gruppen gebildet, indem die Schüler sich eine Tugend aussuchen. In den Gruppen wird überlegt, was Glaube, Hoffnung und Liebe eigentlich bedeuten und welche Aussage sie für die Menschen heute haben können. Dazu wird ein origineller Werbespot entwickelt. Im Plenum werden die Werbespots vorgeführt.

Variante

- Die Spielszenen werden mit einer Kamera aufgenommen, um sie bei der Reflexion nochmals anzuschauen.
- Zur inhaltlichen Vorbereitung erhalten die Gruppen verschiedene biblische Texte, die die Tugenden erläutern (z.B. 1 Kor 13 für Liebe).

Hinweis

Falls die Werbespots aufgenommen werden, könnten sie nach entsprechender Aufbereitung in den Schulpausen vorgeführt werden. Ein ähnliches Spielprojekt könnte auch für andere Themen durchgeführt werden (z.B. Werte, Gefühle, die zehn Gebote).

Reflexion

Die Gruppen erläutern ihre Ideen. Die Schüler überlegen vor dem Hintergrund der Werbespots, wie heute für christliche Werte wieder geworben werden könnte.

Bibel in Szene setzen

Rollenspiel

Spielart: Rollenspiel
Thema: biblische Redewendungen
Ziel: ▸ biblische Redewendungen körperlich ausdrücken
Alter: 14–19 Jahre

Dauer: ca. 45 Minuten
Teilnehmer: ganze Klasse
Material: ▸ je eine Bibel pro Gruppe
▸ Übersicht der biblischen Redewendungen

Beschreibung
Der Lehrer erläutert zunächst, dass viele Redewendungen, die wir alltäglich verwenden, aus der Bibel stammen. Leider ist der ursprüngliche Sinn vielen Menschen nicht mehr bekannt. Es werden 3er-Gruppen gebildet. Jede Gruppe erhält eine biblische Redewendung. Dabei ist den Gruppen untereinander nicht bekannt, welchen Text die anderen Gruppen haben. Die Aufgabe jeder Gruppe besteht darin, die Redewendung in Szene zu setzen. Z.B. „Hochmut kommt vor dem Fall" – Ein Schüler geht mit hoch erhobenem Kopf durch den Raum und fällt plötzlich hin. Zur besseren Vorbereitung suchen die Schüler die entsprechende Stelle in der Bibel, lesen sie im Zusammenhang und besprechen die Erkenntnisse. Nun erhalten die Schüler die Übersicht über die biblischen Redewendungen. Jede Gruppe präsentiert ihre Szene. Die anderen müssen raten, um welche Redewendung es sich handelt. Die Darsteller erläutern die Szene und den biblischen Zusammenhang.

Variante
Die Schüler erhalten nicht die Übersicht über die biblischen Redewendungen – so wird das Raten erschwert!

Hinweis
Die einzelnen Szenen können fotografiert werden. Mit Hilfe eines Bearbeitungsprogramms werden die Redewendungen eingefügt. Daraus kann dann eine kleine Ausstellung entstehen.

Reflexion
Die Schüler überlegen, in welchem Zusammenhang sie die einzelnen Redewendungen verwenden und wie der biblische Zusammenhang an den Alltag angepasst wurde.

Biblische Redewendungen

Kopiervorlage

- Hochmut kommt vor dem Fall
Sprüche 16,18

- Der Kelch ist an mir vorübergegangen
Mt 26,39

- Seine Hände in Unschuld waschen
Mt 27,23-24

- Da kräht kein Hahn nach
Mt 26,74-75

- Der Geist ist willig,
aber das Fleisch ist schwach
Mt 26,40-41

- Auge um Auge, Zahn um Zahn
Mt 5,38-39

- Die Ersten werden die Letzten sein
Mt 20,16

- Der Stein des Anstoßes
Petrusbrief 2,8

- Perlen vor die Säue werfen
Mt 7,6

- Gebt dem Kaiser, was des Kaisers ist
Mt 22,21

- Den Seinen gibt's der Herr im Schlaf
Psalm 127,1-2

- Geben ist seliger als nehmen
Apostelgeschichte 20,34-35

- Jemandem einen Denkzettel verpassen
Mt 23,5

- Seine Zunge im Zaum halten
Jakobusbrief 1,26

- Jemandem sein Herz ausschütten
Psalm 62,9

- Im Schweiße meines Angesichtes
Genesis 3,19

- Die Spreu vom Weizen trennen
Mt 3,12

- Sein Licht unter den Scheffel stellen
Mt 5,15-16

- Die fetten und die mageren Jahre
Gen 41

- Der Tanz um das goldene Kalb
Ex 32,4

- Der Balken im eigenen Auge
Mt 7,1-5

- Ein Wolf im Schafspelz
Mt 7,15

- Durch Mark und Bein gehen
Hebräerbrief 4,12

- Der Prophet gilt nichts
in seinem Vaterland
Mt 13,53-58

Religion und Ethik

Biblische Redewendungen

Kopiervorlage

- Vom Saulus zum Paulus werden

  Apostelgeschichte 9,3-5

- Wer Wind sät, wird Sturm ernten

  Hosea 8,7

- Ehre, wem Ehre gebühret

  Römerbrief 13,7

- In Sack und Asche gehen

  Jona 3,5-6

- Wer suchet, der findet

  Mt 7,7

- Wie seinen Augapfel hüten

  Deuteronomium 32,10

- Ein Land, wo Milch und Honig fließt

  Exodus 3,7-8

- Was du nicht willst, dass man dir tu', das füg' auch keinem anderen zu

  Mt 7,12

- Auf keinen grünen Zweig kommen

  Hiob 15,32

- Wer andern eine Grube gräbt, fällt selbst hinein

  Psam 7,15-16

- Ein Buch mit sieben Siegeln

  Apokalypse 5,1-3

- Neuer Wein in alten Schläuchen

  Mt 9,17

- Auf Sand gebaut haben

  Mt 7,26-27

- Sein Herz auf der Zunge tragen

  Jesus Sirach 21,28

- Nach mir die Sintflut

  Gen 6,5ff

- Bis hierher und nicht weiter

  Hiob 38,8-11

- Jemandem das Maul stopfen

  Psalm 107,42

- Jemandem steht das Wasser bis zum Halse

  Psalm 69,2

- Alles hat seine Zeit

  Kohelet 3,1

- Jedes Wort auf die Goldwaage legen

  Jesus Sirach 28,29

- Die linke Hand soll nicht wissen, was die rechte tut

  Mt 6,3

- Jemandem die Augen öffnen

  Lk 24,31

Markt der Religionen

Rollenspiel

Spielart: Rollenspiel, Wissensspiel

Thema: Weltreligionen

Ziel:
- Präsentation von erarbeitetem Wissen
- Argumente überzeugend präsentieren

Alter: 14–19 Jahre

Dauer: ca. 45 Minuten

Teilnehmer: ganze Klasse

Material:
- Tische
- Plakate
- verschiedene Medien

Beschreibung

Die Schüler versetzen sich bei diesem Spiel in die Situation eines Wochenmarktes. Nur werden hier nicht Obst und Gemüse, sondern Sinnangebote von unterschiedlichen Religionen zum Verkauf angeboten. Jeder Vertreter preist seine Religion mit allen Vorteilen an und übertreibt natürlich ein wenig. Doch die Marktbesucher sind sehr kritisch. Sie hinterfragen die Angebote und prüfen sie auf ihre Nützlichkeit für ihr eigenes Leben. An jedem Stand stehen etwa zwei Vertreter der jeweiligen Religion. Mit Hilfe unterschiedlicher Medien (z.B. Bücher, Zeitschriften, Filme, Internet) können die Teilnehmer ihre Religion auf einem Markt der Möglichkeiten präsentieren. Folgende Religionen sind auf dem Markt vertreten: Christentum, Judentum, Islam, Hinduismus, Buddhismus.

Variante

- Es werden vorher Handzettel vorbereitet, mit denen die „Verkäufer" für ihre Religion werben können.
- Es werden keinerlei Medien benutzt. Es wird nur mit Worten geworben.

Hinweis

- Da es sich um einen Markt handelt, sollten die „Verkäufer" möglichst publikumswirksam auftreten.
- Dieses Spiel kann nur durchgeführt werden, nachdem sich die Klasse in einer vorhergehenden Lerneinheit mit dem Thema Weltreligionen auseinandergesetzt hat. Die einzelnen Vertreter der Weltreligionen müssen vorher die Materialien besorgen.

Religion und Ethik

Markt der Religionen

Rollenspiel

Reflexion

In einem anschließenden Gespräch tauschen sich die Marktbesucher und Anbieter über ihre Erfahrungen aus und reflektieren kritisch, wie für die einzelnen Religionen geworben wurde. Anschließend können die Teilnehmer überlegen, bei welchem Angebot sie „zuschlagen" würden und welches Angebot vielleicht nicht hält, was es verspricht. Möglicherweise möchte sich jemand auch noch einmal ganz woanders umsehen?

Gut und Böse

Rollenspiel

Spielart: Rollenspiel

Thema: Gewissen, Gut, Böse

Ziel: ▶ Gewissensbildung
▶ die Bedeutung des Gewissens erkennen

Alter: 14–19 Jahre

Dauer: ca. 15 Minuten

Teilnehmer: ganze Klasse

Material: –

Beschreibung

Der Lehrer führt zunächst in die Thematik des Spiels ein. Es geht um das Gewissen und seine Bedeutung für unsere Entscheidungen und Haltungen. Drei Schüler übernehmen jeweils eine Rolle: 1. Das Gute (es findet Argumente, die von einer guten Idee geleitet werden); 2. Das Böse (es findet Argumente, die die böse Tat rechtfertigen sollen); 3. Das Ich (es steht zwischen dem Guten und dem Bösen und muss eine Entscheidung treffen). Gemeinsam wird zunächst nach einer Situation gesucht, in der ein Mensch sich entscheiden muss (z.B. Soll ich in einer bestimmten Situation helfen oder nicht?). Nun führen die Spieler einen kontroversen Dialog. Am Schluss muss sich das Ich entscheiden, wie es handeln will.

Variante

Es werden zwei weitere Mitspieler einbezogen, das gute und das schlechte Gewissen. Auch sie versuchen, das Ich bei der Entscheidung zu beeinflussen. Sie spielen aber besonders nach der Entscheidung, die das Ich getroffen hat, eine wichtige Rolle.

Hinweis

Es geht hier um die Frage, durch welche Motive Menschen, die sich entscheiden müssen, geleitet werden, sich für das Gute oder das Böse zu entschließen. Dabei spielt das Gewissen als moralische Instanz eine wichtige Rolle. Der Mensch sammelt als Entscheidungshilfe im Laufe des Lebens unterschiedliche Erfahrungen.

Gut und Böse

Rollenspiel

Reflexion

Zunächst berichten die Spieler, wie sie sich in ihren Rollen gefühlt haben. Das Ich benennt die Gründe für seine Entscheidung. Gemeinsam versuchen die Schüler, andere Entscheidungssituationen zu nennen und die Bedeutung des Gewissens dabei zu erörtern.

Folgende Fragen können hier hilfreich sein:
Kann man das Gewissen ausschalten? Kann man alle Handlungen, bei denen man sich auf sein Gewissen beruft, rechtfertigen? Muss man seinem Gewissen immer folgen? Wie ist es möglich, dass Menschen zu Handlungen gegen ihre Gewissensüberzeugung gezwungen werden?

Gefühlswelten

Rollenspiel

Spielart: Rollenspiel
Thema: Gefühle
Ziel: Gefühle spielerisch ausdrücken und nachempfinden

Alter: 10–16 Jahre
Dauer: ca. 45 Minuten
Teilnehmer: ganze Klasse
Material: Kopiervorlage

Beschreibung

Bei diesem Spiel sollen sich die Schüler in Gefühle hineinversetzen und ausdrücken, was sie dabei empfinden. Dazu wählt sich jeder Schüler in der ersten Runde ein Gefühl aus der beigefügten Liste aus. Zunächst überlegen alle, wie sich dieses Gefühl in Worte fassen und körperlich ausdrücken lässt. Anschließend wandern die Schüler im Raum herum und suchen sich auf ein Signal hin einen Partner. Sie haben eine Minute Zeit, ihre Gefühle auszudrücken. Dabei darf jedoch keiner den Namen seines Gefühls nennen. Anschließend gehen alle wieder in Ruhe weiter. Insgesamt gibt es zehn solcher Begegnungen. In der zweiten Runde besteht die Aufgabe darin, dass sich drei Gefühle treffen, um miteinander zu reden. Hier sind insgesamt fünf Treffen vorgesehen.

Variante

Es werden jeweils einzelne Gefühle ausgewählt, die sich über ein festgelegtes Thema unterhalten sollen.

Hinweis

Das Spiel kann naturgemäß sehr emotional und laut verlaufen.

Reflexion

In der Schlussrunde treten die einzelnen Gefühle nach vorne, und die Mitspieler müssen raten, um welches Gefühl es sich handelt. Dabei können sie formulieren, an welchem Verhalten oder welchen Worten sie es erkannt haben. Der Spieler selbst beschreibt, wie er sich in der Rolle gefühlt hat und wie er die Begegnungen erlebt hat.

Religion und Ethik

Gefühlsliste

Kopiervorlage

Ablehnung	Mitgefühl
Aggression	Mitleid
Angst	Mut
Befriedigung	Nähe
Berechnung	Neid
Bosheit	Neugier
Dankbarkeit	Ohnmacht
Demut	Panik
Distanz	Rachsucht
Eifersucht	Ruhe
Einsamkeit	Scham
Enttäuschung	Scheu
Erfolg	Schmerz
Erleichterung	Schuld
Euphorie	Sehnsucht
Feigheit	Selbstmitleid
Freiheit	Sicherheit
Fremdheit	Stolz
Freude	Sympathie
Frustration	Trauer
Furcht	Überheblichkeit
Geborgenheit	Ungeduld
Geiz	Unterlegenheit
Gelassenheit	Unzufriedenheit
Gier	Verachtung
Glück	Versagen
Großzügigkeit	Vertrauen
Hass	Verzweiflung
Heiterkeit	Wut
Hilflosigkeit	Wehmut
Kraft	Zärtlichkeit
Liebe	Zufriedenheit
Minderwertigkeit	Zuneigung
Missgunst	Zurückweisung
Misstrauen	

Stegreifspiel

Rollenspiel

Spielart: Rollenspiel

Themen: Freundschaft, Liebe, Sexualität, Verantwortung

Ziel:
- eine Problemsituation durchdenken
- Argumentieren lernen

Alter: 14–19 Jahre

Dauer: ca. 10 Minuten

Teilnehmer: je nach Spielsituation

Material: –

Beschreibung

Bei einem Stegreifspiel wird eine Problemsituation kurz angespielt. Dabei werden vorher lediglich wenige Grundinformationen gegeben, die die Spieler dann fantasievoll umsetzen sollen. Die Teilnehmer spielen die Problemsituation im Rollenspiel kurz an und diskutieren die Problematik. Dabei wird keine fertige Lösung geboten. Vielmehr soll das Spiel zur weiteren Diskussion über das Thema anregen.

Spielsituation:

Nadja hat einen Jungen kennengelernt, in den sie sich unsterblich verliebt hat. Sie kennt ihn erst 14 Tage, doch er will unbedingt mit ihr schlafen. Sie bespricht die Situation mit ihren Freundinnen, die sehr unterschiedliche Meinungen vertreten.

Variante

- Nach der Diskussionsrunde, in der die Pro- und Kontra-Seiten des Themas besprochen wurden, wird ein neues Rollenspiel gestartet. Dabei unterhält sich Nadja mit ihrem Freund.
- Es können beliebige andere Themen vorgespielt werden.

Hinweis

Es steht der Inhalt im Vordergrund und nicht die schauspielerische Leistung.

Reflexion

- Wie lautet die Problemstellung?
- Welche Argumente wurden von den Gesprächspartnern genannt?
- Wie würde ich mich in der Situation entscheiden?

Religion und Ethik

Planspiel

Rollenspiel

Spielart: Rollenspiel
Thema: beliebiges Sachthema
Ziel:
- durch Interaktion spielerisch Lernen
- Informationen verarbeiten

Alter: 14–19 Jahre

Dauer: ca. 6–8 Unterrichtsstunden
Teilnehmer: ganze Klasse
Material:
- Spielanleitung
- Rollenkarten (ein Beispiel zeigt die Kopiervorlage)
- verschiedene Arbeitsmaterialien

Beschreibung

Das Planspiel ist eine spielerische Methode, bei der Informationen beschafft und verarbeitet werden. Dabei werden durch die Interaktion verschiedener Interessensgruppen Positionen und Argumente ausgetauscht und begründet. Das Spiel simuliert ein komplexes Problem. Es fordert die Schüler dazu auf, sinnvolle Entscheidungen zu treffen und Lösungen zu entwickeln.

Das Planspiel verläuft in drei Phasen:

1. **Vorbereitungsphase:** Die Schüler werden mit der Ausgangssituation vertraut gemacht. Sie finden sich zu verschiedenen Gruppen zusammen. Jede Gruppe bekommt eine der beiliegenden Rollenkarten. Dann wird jedem Team ein eigener Raum zugewiesen. Der Lehrer bildet als Spielleitung die zentrale Steuerungsinstanz des Planspiels. Ein Presseteam dokumentiert das Zusammenspiel der Gruppen.

2. **Spielphase:** Die einzelnen Gruppen denken sich in ihre Rolle hinein und planen Strategien und Handlungsschritte, um ihre vorgegebenen Ziele zu verwirklichen. Kontaktaufnahmen mit anderen Gruppen (z.B. durch Briefe) oder Aktionen (Konferenzen, Demonstrationen, Flugblätter) werden schriftlich festgehalten und laufen über die Spielleitung. Das Presseteam dokumentiert den Ablauf des Spiels. Welche Handlungsräume die Schüler nutzen, um das Problem zu lösen, ist ihnen überlassen. Diese Offenheit sorgt dafür, dass die Arbeit mit Planspielen in Teilen unvorhersehbar bleibt. Das Ziel ist es, die Ausgangslage (das Problem) so zu verändern, dass bei allen Beteiligten größtmögliche Zufriedenheit über die Lösung herrscht.

3. **Reflexionsphase:** Der Verlauf des Planspiels und seine Ergebnisse werden mit Hilfe der Aufzeichnungen der Pressegruppe beurteilt.

Planspiel

Rollenspiel

Regeln für das Planspiel:
1. Jede Gruppe erhält die Spielregeln und die Beschreibung der Ausgangslage in schriftlicher Form. Rollenspielkarten und Arbeitsmaterial sowie Informationsmedien (Papier, Stifte, Computer mit Internetzugang, Drucker, Lexika, Fachliteratur usw.) werden ebenfalls gestellt.
2. Jede Gruppe wechselt zum Arbeiten in einen eigenen Raum.
3. Die einzelnen Aktionen werden schriftlich festgehalten.
4. Die Gruppen kommunizieren nur schriftlich, in Form von Briefen, die über die Spielleitung laufen, miteinander.
5. Ein Presseteam dokumentiert die einzelnen Spielzüge.
6. Es findet eine Reflexion statt.

Variante
Das Planspiel kann zu beliebigen Themen (z.B. die zehn Gebote im Qualitätscheck, Trennung von Staat und Kirche) durchgeführt werden.

Hinweis
Es ist sinnvoll, ein Planspiel an einem Projekttag bzw. über mehrere Stunden am Stück durchzuführen (z.B. 1.–6. Stunde). Planung und Reflexion können vorher bzw. nachher geschehen.

Reflexion
Um Verlauf und Ergebnisse des Planspiels am Schluss zu reflektieren, beantworten die einzelnen Gruppen folgende Fragen:
- Wie haben wir uns beim Planspiel gefühlt?
- Wie hat unsere Gruppe zusammengearbeitet?
- Wie ist jeder Einzelne mit seiner Rolle zurechtgekommen?
- Welche Strategien und Aktionen hat unsere Gruppe entwickelt und durchgeführt?
- Was haben wir gelernt, bzw. welche neuen Erkenntnisse haben wir gewonnen?
- Worüber möchten wir noch gerne mehr wissen?
- Ist unsere Problemlösung realistisch oder in der Wirklichkeit kaum umsetzbar?

Ein Beispiel für ein Planspiel

Kopiervorlage

Die neue Kirche

Die Ausgangssituation

Es gibt Unruhe innerhalb der christlichen Gemeinden. Die Zeiten haben sich geändert. Die Zahl der Anhänger nimmt immer mehr ab, und die Gemeinden sind zu kleinen elitären Grüppchen zusammengeschmolzen. Das soll sich ändern. Aber dann müsste man Abschied nehmen von alten Ritualen und Glaubensüberzeugungen. Das meint eine Gruppe von progressiven Veränderern, die plötzlich im Gespräch ist.

Rollenspielkarten

Versetzt euch in die Lage der vorgegebenen Rolle. Diskutiert auf der Grundlage der Ausgangssituation euer Vorgehen, und entwickelt eine Strategie. Wie geht ihr mit der vorgegebenen Situation um? Wie reagiert ihr auf die Interventionen der anderen Gruppen? Eure Fantasie ist gefragt. Ihr könnt einzelne oder alle Gruppen anschreiben (Briefe, E-Mail, SMS), Aufrufe formulieren (Flugblatt), Leserbriefe schreiben und Aktionen starten. Es ist auch möglich, einen Blog zu eröffnen oder eine Homepage zu gestalten.

Die progressiven Veränderer

Ihr haltet die Kirche in ihrer bisherigen Form für veraltet und unmodern. Ihr habt das Ziel, Rituale und Glaubensüberzeugungen an die neuen Zeiten anzupassen. Und dabei setzt ihr Zeichen und verbreitet durch Aktionen eure neuen Ideen.

Die Marketingexperten

Ihr seid Angestellte einer Werbeagentur, die einen neuen Auftrag an Land ziehen will. Eure Meinungen sind auswechselbar, und so macht ihr allen Beteiligten verlockende Marketingangebote, um deren Ideen werbewirksam zu verbreiten.

Die konservativen Bewahrer

Euer Ziel ist es, das Alte zu bewahren. Entsprechend leistet ihr Widerstand gegen die neuen Ideen, die verbreitet werden. Dabei ist die Bibel eure Grundlage.

Die ungläubigen Strategen

Schon seit Jahrzehnten kämpft ihr gegen die Kirche und deren Ideen. Es gefällt euch, dass ihr deren Bedeutungslosigkeit erreicht habt. Doch nun droht Gefahr, denn die Anhänger des Christentums sind wieder im Gespräch.

Ein Beispiel für ein Planspiel

Kopiervorlage

Die Träumer
Ihr träumt von einer neuen Welt, in der Frieden und Liebe vorherrschen. Dabei wirkt eure Lehre wie eine Patchwork-Religion – von jedem etwas. Und so verbreitet ihr eifrig eure Botschaft und sucht nach neuen Anhängern.

Die Realisten
Ihr versucht, das Problem mit realistischem Blick zu sehen. Wie ist die momentane Situation? Was ist als positiv einzuschätzen? Was ist unzeitgemäß und könnte verändert werden? Doch eure vernünftigen Argumente werden nicht immer mit Wohlwollen aufgenommen.

Die Presse
Als Vertreter der Presse beobachtet ihr den Spielverlauf und dokumentiert und kommentiert die Geschehnisse mit Fotos, Berichten, Videos und Newslettern. Auch die einzelnen Gruppen können sich an euch wenden (Leserbriefe, Interviews).

Die Spielleitung
Der Lehrer übernimmt mit einigen Assistenten die Spielleitung. Er ist zuständig für die Vor- und Nachbereitung, dokumentiert die Spielzüge und behält den Spielverlauf und das didaktische Ziel ständig im Auge. Er kann auch in das Spiel eingreifen, um es in eine bestimmte Richtung zu lenken (z.B. Bürgerversammlung, Schreiben an alle oder einzelne Gruppen). Dabei sollte er aber die Spielfreiheit nicht zu sehr einschränken.

Sünde kontra Tugend

Rollenspiel

Spielart: Rollenspiel	**Alter:** 14–19 Jahre
Themen: Kardinaltugenden, Todsünden	**Dauer:** ca. 90 Minuten
	Teilnehmer: ganze Klasse
Ziel: ▸ spielerische Auseinandersetzung mit inneren Haltungen ▸ Förderung der Kreativität	**Material:** Kopiervorlagen

Beschreibung
Es werden zwei Gruppen gebildet. Eine Gruppe erhält die beiliegende Liste mit kurzen Beschreibungen der Kardinaltugenden, die andere Gruppe die Liste der Todsünden. Sie lesen zunächst die Begriffe und die Beschreibungen. Jede Gruppe hat nun die Aufgabe, die einzelnen Haltungen szenisch mit jeweils zwei bis drei Personen darzustellen. Die handelnden Personen verharren dabei in einer Position. Die Szenen werden sich gegenseitig vorgestellt. Dabei wird das Dargestellte erläutert und verdeutlicht.

Variante
▸ Die Tugenden bzw. Todsünden werden in einem Stegreifspiel spontan in eine gespielte Szene umgesetzt.
▸ Die Szenen werden fotografiert und ausgedruckt. Dazu schreiben die Schüler erläuternde Texte. Das Ganze wird zu einem kleinen Buch gebunden.

Hinweis
Es ist sinnvoll, vor dem Spiel eine kurze Einführung in das Thema zu geben.

Reflexion
▸ Wie ausdrucksstark wurden die Szenen dargestellt?
▸ Welche Bedeutung haben Kardinaltugenden und Todsünden heute noch?

Die Kardinaltugenden

Über Jahrhunderte galten die so genannten Kardinaltugenden als die Fundamente für ein gutes und gelingendes Leben.

Fortitudo (Tapferkeit)
Der Tapfere ist bereit, zur Erreichung der höheren Werte auch Gefahren auf sich zu nehmen. Risiken und Angst werden überwunden.

Justitia (Gerechtigkeit)
In einer gerechten Gesellschaft (soziale Gerechtigkeit, Chancengleichheit, Gleichberechtigung usw.) steht die Würde des Einzelnen im Mittelpunkt. Sie regelt das friedliche Zusammenleben.

Prudentia (Klugheit)
Die Weisheit hat mit den Erfahrungen und Einsichten eines Menschen zu tun. Auf Grund seines Lebenswissens kann er gerechte Urteile fällen, guten Rat geben und realistische Entscheidungen treffen. So lässt sich das Gute konkret umsetzen.

Temperantia (Mäßigkeit)
Irrtümlicherweise wird Mäßigkeit immer wieder mit Einschränkung verbunden. Es geht aber vielmehr darum, die richtige Mitte zu finden zwischen Zuviel und Zuwenig.

Fides (Glaube)
Glaube im religiösen Sinne ist das Vertrauen, das der Mensch in Jesus Christus und Gott setzt. Es ist nicht nur ein bloßes Für-wahr-Halten, sondern vielmehr das bedingungslose Vertrauen in die Liebe Gottes, der sich den Menschen in Jesus Christus offenbart hat.

Spes (Hoffnung)
In der Hoffnung setzt der Mensch darauf, dass in der Zukunft alles gut wird. Christen glauben an die Auferstehung und die Erlösung. Das nimmt die Angst und gibt dem Leben Sinn.

Caritas (Liebe)
Die christliche Botschaft von der Liebe wird konkret in der Selbst-, Nächsten- und Gottesliebe. Sie ist das Fundament, auf dem der Glaube aufbaut.

Die Todsünden

Kopiervorlage

Über Jahrhunderte galten die so genannten sieben Todsünden als die Wurzeln von bösen Taten.

Superbia (Hochmut)
Hochmut oder Stolz stehen im Lasterkatalog ganz vorne. Der hochmütige Mensch denkt zunächst immer nur an sich und hält sich für den Besten und Größten. Er stellt sich damit über andere Menschen und verliert sie aus dem Blick. Folgen sind Mobbing, Ausgrenzung, Machtmissbrauch, Mord und Krieg.

Avaritia (Habsucht, Geiz)
Bei Geiz und Habsucht geht es immer um das egoistische Habenwollen, den Besitz und den Wohlstand. Dabei werden auch Mittel eingesetzt (Intrigen, Korruption, Bestechung), die viel Schaden anrichten können.

Invidia (Neid)
Ein neidischer Mensch kann nicht akzeptieren, dass seine Mitmenschen etwas haben oder etwas sind. Gezielt versucht er, andere zu verleumden oder bloßzustellen. Indem er andere herabsetzt, will er die Aufmerksamkeit auf sich lenken.

Ira (Zorn, Wut)
Zorn und Wut können viel Schaden anrichten. Sie sind in der extremen Form zerstörerisch. Meist richten sie sich gegen bestimmte Personen oder Gruppen. Der aggressive Mensch sucht die ständige Konfrontation.

Acedia (Trägheit)
Einem trägen Menschen ist alles gleichgültig. Er will keine Verantwortung übernehmen und sich nicht einmischen oder einsetzen.

Gula (Unmäßigkeit, Völlerei)
Damit ist vor allem die Sucht nach Mehr, die Grenzenlosigkeit des Konsums gemeint. Dabei geht es nicht nur um Essen oder Trinken, sondern auch um materielle Werte und menschliche Grundhaltungen („Immer weiter – immer schneller – immer höher!").

Luxuria (Wollust)
Die Wollust bezeichnet ein extrem starkes sexuelles Verlangen, das in seiner extremen Form zu körperlichen und psychischen Schäden führen kann. Im Mittelpunkt steht der Trieb, der ohne Grenzen sofort befriedigt werden will.

Newstime

Rollenspiel

Spielart: Rollenspiel

Themen: Kirchenfeste, Pfingsten, Ostern, Weihnachten

Ziel: ▶ spielerische Umsetzung biblischer Texte
▶ das Kirchenjahr kennenlernen

Alter: 10–19 Jahre

Dauer: ca. 90 Minuten

Teilnehmer: ganze Klasse

Material: je nach Drehbuch

Beschreibung

Die Schüler bilden drei Gruppen. Jede Gruppe erhält die Aufgabe, ein kirchliches Fest (Pfingsten, Ostern, Weihnachten) in einer Nachrichtensendung zu präsentieren. Als Grundlage dienen die jeweiligen biblischen Texte (Ostern: Mk 16,1-19/Pfingsten: Apg 2,1-13/Weihnachten: Lk 2,1-21). Die Gruppen lesen zunächst die Texte und überlegen, in welcher Form (Nachrichtensprecher, Interviews, Kommentar etc.) sie den Text spielerisch aufarbeiten und präsentieren wollen. Wenn alle Gruppen nach einer festgelegten Zeit fertig sind, treffen sie sich zur Präsentation.

Variante

▶ Jede Gruppe präsentiert zwei unterschiedliche Szenen (das Fest damals und heute).
▶ Die Schüler konzentrieren sich auf ein Fest. Mehrere Gruppen bearbeiten unterschiedliche Formate dazu.

Hinweis

Neben den Spielgruppen könnten besonders versierte Schüler für alle Gruppen für Technik und Requisiten zuständig sein.
Das Spiel eignet sich auch gut, um andere biblische Themen aufzuarbeiten.

Reflexion

▶ Was haben wir über das jeweilige Fest gelernt?
▶ Worin lag in unserer Gruppe der Schwerpunkt?
▶ Was wollten wir besonders verdeutlichen?

Die WG-Kandidaten

Rollenspiel

Spielart: Rollenspiel

Themen: Diskriminierung, Vorurteile

Ziel: spielerisches Aufarbeiten von Vorurteilen

Alter: 14–19 Jahre

Dauer: ca. 45 Minuten

Teilnehmer: ca. 15 Rollenspieler, restliche Klasse als Beobachter

Material: Kopiervorlage

Beschreibung

Situation:
Die Schüler stellen sich folgende Ausgangssituation vor:
Du wohnst mit deiner Familie in einem großen Haus. Da die bisherigen Mieter ausgezogen sind, möchten deine Eltern dir eine ganze Etage zur Verfügung stellen. Da du gerne mit anderen zusammenleben willst, möchtest du eine Wohngemeinschaft gründen. Auf deine Suchanzeigen melden sich 15 sehr unterschiedliche Bewerber. Davon kannst du aber nur fünf Mitbewohner auswählen. Du entscheidest dich dafür, ein „Casting" durchzuführen, bei dem die Kandidaten auf „Herz und Nieren" geprüft werden sollen.

Vorbereitung:
Ein Schüler spielt den Vermieter. Er bereitet sich mit Hilfe der beiliegenden kurzen Rollenbeschreibungen auf das „Casting" vor. Die Rollen der 15 Bewerber werden ebenfalls vergeben. Die Spieler überlegen, wie sie die einzelnen Rollen noch ausführlicher gestalten können.

Spielverlauf:
Nun beginnt das Rollenspiel. Nacheinander kommen die einzelnen Bewerber in den Raum und stellen sich kurz vor. Zu den vorgegebenen Informationen darf der Vermieter noch zwei gezielte Fragen stellen. Am Schluss wählt er zusammen mit den Beobachtern fünf Kandidaten aus, die zukünftig bei ihm wohnen dürfen. Anschließend kommen alle zusammen, um die Auswahl vorzustellen und zu begründen.

Die WG-Kandidaten

Rollenspiel

Variante
Der Vermieter nennt auch fünf Personen, die er auf keinen Fall als WG-Mitbewohner haben möchte.

Hinweis
Die Informationen über die WG-Kandidaten sind bewusst sehr knapp gehalten, um zu verdeutlichen, wie bestimmte Daten zu (Vor)Urteilen über Menschen führen können.
Es sollte darauf hingewiesen werden, dass es sich nur um gespielte Rollen handelt.

Reflexion
- Wie habe ich mich in meiner Rolle gefühlt?
- Welche Informationen über die einzelnen Kandidaten haben bei mir bestimmte Assoziationen hervorgerufen? Mit welchen Erfahrungen hängt das zusammen?
- Wie entstehen Vorurteile, und welche Möglichkeiten gibt es, sie abzubauen?

Die WG-Kandidaten

Kopiervorlage

Franz ist arbeitsloser Maurer und lebt von Hartz IV. Er hat die Suche nach einer Arbeit aufgegeben und verbringt den Tag am liebsten im Internet und vor dem Fernsehgerät.

Claudia hat die letzten Jahre in einem Heim verbracht, weil sie schwer erziehbar war. Sie hat gerade den Hauptschulabschluss gemacht und sucht eine Ausbildungsstelle.

Ismael ist türkischer Abstammung. Am liebsten fährt er mit seinem schwarzen BMW durch die Gegend. Er arbeitet im Dönerladen seines Vaters.

Jim saß wegen einiger Gewaltdelikte zwei Jahre im Gefängnis und möchte nun ein neues Leben beginnen. Sein Bewährungshelfer wird ihn dabei begleiten.

Henry ist schwul und arbeitet als Friseur. Sein Freund hat sich noch nicht geoutet und wird ihn deshalb öfters heimlich besuchen.

Gisela hat eine körperliche Behinderung und ist auf ihren Rollstuhl angewiesen. Sie möchte aber kein Mitleid und ihr Leben möglichst selbstständig gestalten.

Helene liebt Partys und Spaß. Deshalb möchte sie neben den Diskobesuchen auch in der WG öfters Party machen.

Georg ist computersüchtig und Kettenraucher. Er zockt ganze Nächte durch.

Mary kommt aus Ghana und hat eine schwarze Hautfarbe. Oft wird sie deshalb dumm angemacht. Sie möchte nur in die WG, wenn keiner der Mitbewohner ausländerfeindlich ist.

Monique spielt Schlagzeug in einer Mädchenband. Daher muss sie auch in der Wohnung proben. Außerdem kocht sie gerne.

Karl ist Fußballfan. Manche sagen auch, wegen seiner fanatischen Ausdrücke sei er eher ein Hooligan. Das weist er aber von sich.

Verena arbeitet in einer Bank. Sie bezeichnet sich als ordentlich und fleißig. Unordnung und Schmutz lehnt sie ab. Sie möchte aber nicht die Putzfrau der WG sein.

Harry wirkt sehr unruhig. Er sagt, er leide unter ADHS, was er aber mit Hilfe von Medikamenten gut im Griff habe.

Karl-Georg studiert Jura. Er möchte sein Studium möglichst schnell beenden und kann daher keine Ablenkungen gebrauchen.

Nadja hatte ein Drogenproblem. Nach einer intensiven Therapie ist sie nun clean. Sie möchte sich und allen beweisen, dass sich alles geändert hat. Sie bräuchte allerdings die Unterstützung der Mitbewohner.

Knotenspiel

Motivationsspiel

Spielart: Motivationsspiel

Thema: Gemeinschaft

Ziel:
- die gegenseitige Abhängigkeit verdeutlichen
- Gemeinschaftsgefühl und Teamfähigkeit fördern
- Angst und Scheu vor Körperkontakten abbauen

Alter: 10–16 Jahre

Dauer: ca. 20 Minuten

Teilnehmer: 8–10 Teilnehmer, restliche Klasse als Beobachter

Material: –

Beschreibung

Acht bis zehn Teilnehmer stellen sich dicht nebeneinander im Kreis auf und strecken die Hände in die Mitte. Jeder Teilnehmer ergreift zwei Hände. Wichtig ist dabei, dass es nicht die Hand eines Nachbarn oder zwei Hände einer Person sein dürfen. Der so entstandene Knoten soll gemeinsam gelöst werden. Dabei darf man keine Hand loslassen. Wenn der Knoten entwirrt ist, finden sich alle in einem großen Kreis wieder – manchmal entstehen auch zwei Kreise.

Variante

- Das Knotenspiel wird gleichzeitig in mehreren Gruppen gespielt.
- Eine Gruppe verknotet sich, dann geben ein bis zwei Spieler von außen Anweisungen, um den Knoten aufzulösen.
- Während des Spieles darf nicht gesprochen werden.
- Es wird mit verbundenen oder geschlossenen Augen gespielt.

Hinweis

Das Spiel macht nicht nur viel Spaß, sondern fördert auch das Gemeinschaftsgefühl und die Teamfähigkeit. Auch eher ruhige Schüler sollten dazu ermuntert werden, am Spiel teilzunehmen.

Knotenspiel

Motivationsspiel

Reflexion

Die Zuschauer erhalten Beobachtungsaufgaben, die später gemeinsam ausgewertet werden:
- Wie sind die Spieler miteinander umgegangen?
- Gab es Personen, die die Lösung der Aufgabe besonders beeinflusst haben?
- Hat sich während des Spieles so etwas wie Teamgeist entwickelt?
- Wie wurde das Problem gelöst?
- Wie haben sich die Spieler verhalten, wenn es scheinbar nicht mehr weiterging?

Auch die Spieler reflektieren anschließend die Übung:
- Wie habe ich mich bei diesem Spiel gefühlt?
- Was habe ich gelernt?
- Was ist mir während des Spiels besonders schwer oder leicht gefallen?

Reli/Ethik-Tabu

Motivationsspiel

Spielart: Motivationsspiel
Thema: beliebiges Sachthema
Ziel: spielerische Wiederholung und Vertiefung eines Themas
Alter: 10–19 Jahre

Dauer: ca. 45 Minuten
Teilnehmer: ganze Klasse
Material:
- Spielregeln
- Tabukarten (siehe Kopiervorlage)
- Stoppuhr

Beschreibung
Die Spielidee beruht auf dem bekannten Spiel „Tabu". Zunächst werden unterschiedliche Begriffe zum Thema der Unterrichtsreihe gesammelt. Dazu werden Wörter zusammengetragen, die bei der Umschreibung des zu ratenden Begriffes nicht genannt werden dürfen. Nun kann das Spiel beginnen. Es werden mehrere Gruppen gebildet, die in einer vorgegebenen Zeit abwechselnd gegeneinander antreten. Ein Schüler umschreibt jeweils den zu ratenden Begriff, ohne dabei jedoch die Begriffe zu verwenden, die nicht genannt werden dürfen. Die anderen Gruppenmitglieder erraten den Begriff. Nach jeder Spielrunde werden die Punkte notiert. Dabei gibt es für jeden erratenen Begriff einen Punkt. Wer am Schluss die meisten Punkte vorweisen kann, ist der Sieger der Spielrunde.

Variante
- Um das Spiel noch schwieriger zu machen, kann die Zahl der zu meidenden Begriffe erhöht werden (z.B. auf zehn).
- Die Begriffskarten können in der Zeit während der Behandlung des Themas von einzelnen Schülern erstellt werden, sodass die Phase der Sammlung am Spieltag ausfällt.

Hinweis
Es sind mindestens 80–100 Karten notwendig, um das Spiel in einer ganzen Unterrichtsstunde zu spielen.

Reflexion
Am Ende des Spiels können die Schüler sich die Begriffe notieren, bei denen sie unsicher waren, um sich nochmals damit zu beschäftigen.

Religion und Ethik

Beispielkarten für das Reli-Tabu

Kopiervorlage

Pfingsten	**Ostern**	**Messe**	**Papst**
Kirche	Lamm	Priester	Rom
Geist	Ei	Messdiener	Benedikt
Feuer	Auferstehung	Altar	Vatikan
Jünger	Hase	Lesung	Petersdom
Sprachen	Grab	Kommunion	Mitra

Evangelisten	**Adam**	**Bibel**	**Gebet**
Johannes	Paradies	Evangelium	Gott
Markus	Gott	Altes Testament	Bitten
Lukas	Eva	Neues Testament	Danken
Matthäus	Baum	Jesus Christus	Jesus Christus
Bibel	Schlange	Gott	Amen

Mose	**Wunder**	**Kirche**	**Islam**
Israel	Jesus Christus	Glocken	Mohammed
Ägypten	Bibel	Turm	Allah
Exodus	Heilen	Altar	Koran
Wüste	Krankheit	Bänke	Moschee
Meer	Glaube	Gottesdienst	Kopftuch

Kreuz	**Gott**	**Paulus**	**Weihnachten**
Jesus Christus	Glaube	Mission	Krippe
Karfreitag	Himmel	Korinth	Jesus Christus
Holz	Jesus Christus	Griechenland	Stern
Christen	Religion	Apostel	Ochse
Symbol	Geheimnis	Saulus	Maria

Taufe	**Fronleichnam**	**Konfirmation**	**Sakrament**
Pate	Prozession	Segen	Taufe
Wasser	Blumen	evangelisch	Ehe
Sakrament	Altar	Glaube	Beichte
Pfarrer	Monstranz	Unterricht	Eucharistie
Baby	Straße	Paten	Krankensalbung

Beispielkarten für das Ethik-Tabu

Kopiervorlage

Verantwortung	**Freiheit**	**Schuld**	**Gewissen**
Handlung	Zwang	Fehler	Instanz
Rechenschaft	Entscheidung	Verstoß	gut
Folgen	Gefängnis	Verbot	böse
Aufgabe	Autonomie	Gewissen	Moral
Konsequenzen	Alternativen	falsch	Schuld
Moral	**Tugend**	**Pflicht**	**Glück**
Ethos	Haltung	Recht	Gefühl
Sitte	Eigenschaft	Aufgabe	Liebe
Prinzipien	Gerechtigkeit	Gesetz	Schmetterlinge
Konvention	Wahrheit	Verstoß	Erlebnis
gut	Ehre	Strafe	happy
Gerechtigkeit	**Wahrheit**	**Norm**	**Werte**
Zusammenleben	Lüge	Werte	Hilfsbereitschaft
Strafe	Falschheit	Maßstäbe	Ordnung
Regeln	Aussage	Tugend	Regeln
Gesetze	Vertrauen	richtig	Maßstäbe
Gleichbehandlung	Gesetz	gut	Fleiß
Mensch	**Konflikte**	**Solidarität**	**Menschenrechte**
Lebewesen	Aggression	Gemeinschaft	Krieg
Körper	Streit	Gemeinwohl	Würde
Geist	Regeln	Miteinander	Elend
Seele	Wut	Ich	Achtung
Mann	Krieg	Wir	Kinder
Partnerschaft	**Lebensschutz**	**Zukunft**	**Lebenskunst**
Mann	Todesstrafe	Vision	Ziele
Frau	Abtreibung	Utopie	Glück
Liebe	Euthanasie	Erde	Sinn
Familie	Krankheit	Morgen	Mensch
Treue	Ehrfurcht	Ziele	Verzweiflung

Religion und Ethik

Bingo

Motivationsspiel

Spielart: Motivationsspiel, Wissensspiel	**Alter:** 10–14 Jahre
	Dauer: ca. 15 Minuten
Thema: beliebiges Sachthema	**Teilnehmer:** ganze Klasse
Ziel: ▸ spielerische Wiederholung des Lernstoffes ▸ Lernkontrolle	**Material:** –

Beschreibung

Jeder Schüler malt auf ein Blatt ein großes Quadrat, das wiederum aus 25 kleinen Quadraten besteht. Gemeinsam werden dann Themen, Begriffe oder Vokabeln aus der vergangenen Unterrichtsstunde gesammelt und beliebig in die kleinen Quadrate eingetragen. Der Lehrer umschreibt nun einen Begriff. Erkennt ein Schüler den Begriff, kreuzt er das entsprechende Feld an. Wer zuerst drei richtige Begriffe in einer Reihe (senkrecht, waagerecht, diagonal) angekreuzt hat, ruft laut „Bingo". Er erläutert nun die drei Begriffe selbstständig.

Variante

- Der Lehrer verteilt am Beginn der Stunde ein Blatt mit Begriffen, die im Laufe des Unterrichts vorkommen.
- Die richtige Zahlenreihe kann auf vier oder fünf Begriffe erweitert werden.
- Die Zahl der Quadrate kann ebenfalls erweitert werden.

Hinweis

Das Bingo kann auch zu einer Art Wissensspiel ausgeweitet werden, das sich über mehrere Monate hinzieht und zur Wiederholung des Lerninhaltes eingesetzt wird.

Reflexion

Die Schüler reflektieren den eigenen Lernerfolg und erzählen, bei welchen Begriffen sie Probleme hatten und welche gut erkannt wurden.

Gottesbilder

Motivationsspiel

Spielart: Motivationsspiel
Thema: Gottesbilder
Ziel: persönliche Gottesvorstellungen formulieren
Alter: 12–16 Jahre

Dauer: ca. 45 Minuten
Teilnehmer: ganze Klasse
Material:
- pro Teilnehmer 3 gelbe und 3 rote Karten
- Tafel bzw. Plakate

Beschreibung
Jeder Schüler erhält jeweils drei gelbe und drei rote Karten. Auf die gelben Karten schreibt er drei Dinge, die Gott ganz sicher in seiner Tasche hat, und auf die roten Karten drei Dinge, die Gott auf keinen Fall dabei hat. Dabei muss es sich nicht nur um konkrete Dinge handeln. Es können auch Symbole eingesetzt werden (z.B. Vertrauen in die Menschen). In einer ersten Runde stellen alle Schüler ihre gelben Karten vor und heften sie an ein entsprechendes Plakat. In der zweiten Runde werden die roten Karten vorgestellt. Doppelnennungen werden entfernt.

Variante
Der Lehrer hat eine Auswahl an biblischen Texten getroffen, die als Vorbereitung auf das Spiel von den Schülern gesichtet werden.

Hinweis
Das Spiel eignet sich gut, um in die Thematik einzuführen.

Reflexion
In einem abschließenden Gespräch werden die persönlichen Gottesbilder nochmals betrachtet. Gibt es Gemeinsamkeiten? Wo liegen die Unterschiede? Gibt es Gottesbilder, die bereits in der Bibel zu finden sind?

Turmbau

Motivationsspiel

Spielart: Motivationsspiel
Thema: Turmbau zu Babel
Ziel: Kooperation und Kreativität einüben
Alter: 10 –16 Jahre
Dauer: ca. 30 Minuten

Teilnehmer: ganze Klasse
Material:
- Luftballons
- Klebeband
- Seil
- Zeitungspapier
- Tücher

Beschreibung
Es werden Gruppen von ca. vier bis fünf Personen gebildet. Die Aufgabe besteht darin, innerhalb von 15 Minuten einen möglichst hohen Turm aus Luftballons zu bauen. Neben den Luftballons stehen unterschiedliche Materialien (s. oben) zur Verfügung. Diese sollen die Ballons lediglich festigen, denn der Turm muss durchgängig vom Boden bis zur Spitze aus Luftballons bestehen. Nach Ablauf der Zeit muss der Turm mindestens 30 Sekunden frei stehen.

Variante
- Jede Gruppe besteht wiederum aus zwei Gruppen: aus den Architekten, die die Anweisungen geben, und den Arbeitern, die nach Anweisung handeln.
- Beim Turmbau darf nicht gesprochen werden.
- Beim Turmbau werden die Augen verbunden.

Hinweis
Das Spiel eignet sich gut als Hinführung zur biblischen Geschichte vom Turmbau zu Babel (Gen 11,1-9). Hier stellt der Turm ein Symbol für die Kraft der Gemeinschaft dar. Er ist aber zugleich auch ein Zeichen des Hochmuts und des Größenwahns.

Reflexion
Die Schüler besprechen, wie sie zusammengearbeitet haben, um einen möglichst hohen Turm zu bauen, und wie sich die einzelnen Teilnehmer eingebracht haben. Welche Probleme gab es beim Bau? Wie wurden die anderen Gruppen wahrgenommen?

Brücken bauen

Motivationsspiel

Spielart: Motivationsspiel

Themen: Kommunikation, Vorurteile, Streitschlichtung

Ziel:
- im Team eine Aufgabe lösen
- erkennen, wie schwierig es sein kann, Brücken zwischen Menschen zu bauen

Alter: 10–16 Jahre

Dauer: ca. 15 Minuten

Teilnehmer: ganze Klasse

Material:
- je Gruppe: 1 Schere, 1 Klebeband, 2 Tische
- Zeitungspapier

Beschreibung

Es werden mehrere Gruppen mit etwa vier Mitgliedern gebildet. Die Aufgabe lautet, aus den Materialien möglichst schnell eine Brücke zwischen zwei Tischen zu bauen. Der Abstand zwischen den Tischen beträgt ca. 60 cm. Die Brücke muss die Schere als Belastung aushalten können. Es kann auch ein anderer Gegenstand benutzt werden, der aber für alle Gruppen gleich sein muss.

Variante

Die Brücke wird aus anderen Materialien gebaut (z.B. Seil, kleine Bälle).

Hinweis

Es geht bei diesem Spiel nicht nur um Kooperation und Teamarbeit, sondern vielmehr darum, wie schwierig es sein kann, Brücken zu Menschen zu bauen.

Reflexion

Die Gruppen berichten über die Zusammenarbeit in der Gruppe, die Strategie und die Schwierigkeiten beim Brückenbau. Das konkrete Spiel wird im Gespräch auf die Brücken übertragen, die zwischen Menschen gebaut werden. Wo liegen hier die Herausforderungen und Probleme? Wie können erfolgreich Brücken zwischen Menschen gebaut werden?

Religion und Ethik

Bibel-SMS

Motivationsspiel

Spielart: Motivationsspiel	**Dauer:** über mehrere Tage
Thema: Bibel	**Teilnehmer:** ganze Klasse
Ziel: sich mit der Bibel vertraut machen	**Material:** ▶ Namenszettel ▶ Bibel ▶ Seil ▶ Handy
Alter: 10–16 Jahre	

Beschreibung

Das Spiel vollzieht sich über einen festgelegten Zeitraum von mehreren Tagen. Die Schüler erhalten die Aufgabe, fünf Mitschülern eine SMS mit einem Bibelvers zu schicken. Dazu schreibt der Lehrer zunächst jeden Schülernamen auf fünf Zettel und mischt sie in einem Behälter. Jeder Schüler kann sich fünf Zettel ziehen. Seine Aufgabe besteht darin, den fünf gezogenen Mitschülern jeweils einen Bibelvers mit Angabe der Bibelstelle zu schicken. Dazu muss er zunächst zu Hause die Bibel durchblättern und nach Versen suchen, die er für aussagekräftig hält. Die Verse schickt er per SMS an die gezogenen Mitschüler. Jeder Empfänger erhält also jeweils fünf Nachrichten. Seine Aufgabe besteht nun darin, die Verse in der Bibel nachzuschlagen und im Zusammenhang zu lesen und einzuordnen.

Variante

Da das Versenden von SMS mit Kosten verbunden ist, können auch andere Möglichkeiten der Nachrichtenübermittlung genutzt werden.

Hinweis

Beim Recherchieren in der Bibel kann natürlich auch die virtuelle Bibel genutzt werden (z.B. www.bibelwerk.de).

Reflexion

Wenn alle Schüler ihre Bibel-Nachrichten erhalten haben, wird in einer Unterrichtsstunde darüber gesprochen. Dabei sollen die Empfänger eine der fünf Nachrichten aussuchen, die sie besonders angesprochen hat, und dies kurz begründen.

Haben oder Sein

Motivationsspiel

Spielart: Motivationsspiel
Themen: Haben, Sein
Ziel: sich bewusst machen, was wichtig ist
Alter: 14–19 Jahre

Dauer: ca. 45 Minuten
Teilnehmer: ganze Klasse
Material:
- Spielfeld (siehe Kopiervorlage)
- 10-seitige Würfel

Beschreibung

Es werden Gruppen mit ca. sechs Teilnehmern gebildet. Jede Gruppe erhält ein Spielfeld und einen Würfel. Der Lehrer erläutert, dass sich die Schüler mit Hilfe des Spiels bewusst machen sollen, was für ihr Leben wichtig ist: Haben oder Sein.

Spielbeschreibung:

Die vier Bereiche des Spielfeldes stehen für unterschiedliche Bereiche: Haben, Sein, Werte und Aktion. Jeder Bereich besteht aus zehn beschrifteten und nummerierten Feldern. Der erste Spieler würfelt nacheinander vier Zahlen, wobei jede für einen Bereich gilt. Er soll nun die Begriffe in den vier Bereichen, die den Zahlen zugeordnet sind, kommentieren und versuchen, sie miteinander zu kombinieren. Das jeweilige Feld im Bereich AKTION beinhaltet eine entsprechende Aufforderung, die der Spieler umsetzen muss. Es folgt der nächste Spieler.

Variante

Vor dem Spiel malen die Schüler die verschiedenen Bereiche und Felder bunt aus und beschäftigen sich dabei mit den notierten Begriffen.

Hinweis

Grundlage des Spiels ist eine Theorie von Erich Fromm. Er ist der Meinung, dass sich der Mensch zwischen „Haben und Sein" entscheiden muss.

Reflexion

Die Schüler kommen im Plenum zusammen und unterhalten sich über ihre Erkenntnisse. Welchen Weg halten sie für den richtigen: Haben oder Sein? Und welche Konsequenz hat das für das persönliche und gemeinschaftliche Zusammenleben?

Religion und Ethik

Haben oder Sein

Kopiervorlage

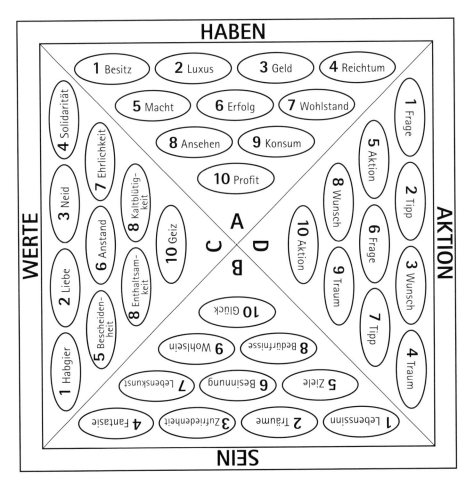

Ein gutes Wort

Motivationsspiel

Spielart: Motivationsspiel

Thema: Wertschätzung

Ziel: gute Eigenschaften feststellen und ausdrücken

Alter: 10–16 Jahre

Dauer: ca. 15 Minuten

Teilnehmer: ganze Klasse

Material:
- Karten
- Stifte
- Klebestreifen

Beschreibung
Jeder Schüler erhält fünf Karten, die er mit guten Worten oder Sätzen beschriftet und einem Mitschüler auf den Rücken heftet (Ich finde gut an dir .../ Es freut mich, dass du ...).
Nach einer festgelegten Zeit nehmen die Schüler die beschrifteten Karten von ihrem Rücken und lesen sie in Ruhe durch.

Variante
Die Schüler erhalten den Auftrag, jeden Tag ganz bewusst einem Menschen ein positives Wort zu schenken. Nach einer Woche werden die Erfahrungen besprochen.

Hinweis
Es sollte darauf geachtet werden, dass alle Schüler gute Worte als Geschenke erhalten. Dazu wäre es sinnvoll, dass auch der Lehrer am Spiel teilnimmt.

Reflexion
In einem Gespräch werden die Ergebnisse reflektiert:
- Welches gute Wort hat mich besonders gefreut?
- Wie habe ich mich dabei gefühlt, nur positive Dinge anzusprechen?
- Wie wäre es, wenn die Menschen sich nur noch gute Dinge sagen würden? Was würde sich in unserer Welt verändern?

Nein-Sager

Motivationsspiel

Spielart: Motivationsspiel
Thema: Entscheidungen treffen
Ziel: entwickeln von Selbstwertgefühl
Alter: 10–12 Jahre

Dauer: ca. 10 Minuten
Teilnehmer: ganze Klasse
Material: –

Beschreibung

Die Schüler stellen sich im Kreis auf. Es sollte links und rechts so viel Platz sein, dass die Arme ausgestreckt werden können, ohne den Nachbarn zu berühren. Das Spiel beginnt mit einer „Ja-Runde". Dabei ruft der Lehrer seinem rechten Nachbarn laut ein „Ja" entgegen und macht eine ausholende Geste mit dem rechten Arm und stampft mit dem rechten Fuß auf. Dieser gibt das Ja ebenfalls weiter, bis die Runde beendet ist. Das gleiche Spiel läuft anschließend links herum (linker Arm, linker Fuß).

Nach einigen Übungsrunden kommt das „Nein" zum Einsatz. Wieder startet eine Ja-Runde, doch diesmal antwortet ein Spieler, dem ein Ja entgegengeschleudert wurde, mit einem lauten „Nein" und streckt dabei beide Arme hoch. Damit wird die Ja-Runde gestoppt, und der Ja-Sager muss sich umdrehen und sein „Ja" in die andere Richtung schicken. Immer wieder beendet ein „Nein" die Ja-Sager-Runden.

Variante

- Die Zahl der Spieler wird vorher festgelegt. Eine zweite Gruppe beobachtet die Spielrunde.
- Die Klasse wird in zwei Gruppen aufgeteilt, eine Ja-Sager- und eine Nein-Sager-Gruppe. Sie stellen sich gegenüber auf. Auf ein Startzeichen sagt die eine Gruppe möglichst laut „Ja" und die andere „Nein". Nach einem Stoppzeichen werden die Rollen gewechselt.

Nein-Sager

Motivationsspiel

Hinweis

Es ist nicht möglich, zwei „Nein" hintereinander einzusetzen.
Das „Nein" sollte sparsam eingesetzt werden.
Die Übung eignet sich gut im Freien. Es sollte auf jeden Fall ein Raum gesucht werden, aus dem heraus andere Klassen nicht gestört werden.

Reflexion

- Wie habe ich mich als Ja-Sager erlebt?
- Wie war mein Gefühl beim Nein-Sagen?
- Was war leichter: das Nein- oder das Ja-Sagen?
- Welche Bedeutung haben Ja und Nein in meinem Leben?

Vertrauensspiel

Selbsterfahrungsspiel

Spielart: Selbsterfahrungsspiel, Motivationsspiel

Themen: Vertrauen, Verantwortung, Achtsamkeit, Wahrnehmung

Ziel:
- Vertrauen und Verantwortung entwickeln
- Förderung von Konzentration und Wahrnehmung

Alter: 10 – 16 Jahre

Dauer: ca. 20 Minuten

Teilnehmer: ganze Klasse

Material:
- Augenbinden
- evtl. Hindernisse zum Aufstellen

Beschreibung

Jeweils zwei Schüler bilden ein Team. Einem werden die Augen verbunden, der andere nimmt ihn an die Hand und führt ihn durch das Schulgebäude und auf den Schulhof. Die Sehenden übernehmen Verantwortung für die Nicht-Sehenden. Die Nicht-Sehenden müssen den Sehenden vertrauen. Auf Hindernisse macht der Führende aufmerksam. Nach fünf Minuten wechseln die Spieler die Rollen.

Variante

- Im Klassenraum werden verschiedene Hindernisse aufgebaut. Die Blindenführung findet dort statt.
- Während der Übung wird nicht geredet.
- Der Blinde wird jeweils von zwei Personen geführt, bzw. eine Person führt zwei Blinde.
- Der Führende beschreibt dem Blinden, was er sieht.
- Auf dem Weg soll der Geführte verschiedene Gegenstände ertasten.
- Acht bis 12 Schüler bilden einen Kreis. Eine Person stellt sich mit verbundenen Augen in die Mitte. Er dreht sich einige Male im Kreis und bleibt stehen. Anschließend lässt er sich rückwärts fallen, um sich von den Mitschülern auffangen zu lassen.
- Beginnend mit einer Zweiergruppe, werden nach und nach immer größere Gruppen gebildet, die geführt werden.

Vertrauensspiel

Selbsterfahrungsspiel

Hinweis
Die Schüler sollen vorsichtig miteinander umgehen.
Falls Schüler Angst vor dieser Übung haben, sollten sie nicht daran teilnehmen müssen.

Reflexion
Im Anschluss an das Spiel unterhalten sich die Schüler über ihr Empfinden während des Spiels:
- Wie habe ich mich gefühlt?
- Was war leicht, was war schwer für mich?
- Habe ich Vertrauen entwickelt?
- Habe ich mich sicher gefühlt?
- Gab es Situationen, in denen ich unsicher war?
- In welcher Rolle fühlte ich mich wohler?
- Habe ich etwas über meinen Partner erfahren?
- Was sagen diese Erfahrungen über das Thema Vertrauen aus?

Sinnbehörde

Selbsterfahrungsspiel

Spielart: Selbsterfahrungsspiel
Thema: Sinn des Lebens
Ziel:
- nachdenken über den Sinn des Lebens
- den eigenen Standpunkt formulieren

Alter: 14–19 Jahre
Dauer: ca. 45 Minuten
Teilnehmer: 5–8 Teilnehmer, restliche Klasse als Beobachter
Material: –

Beschreibung

Der Lehrer erläutert den Ablauf des Spiels:
Im Mittelpunkt steht die Frage nach dem Sinn des Lebens, über die die Schüler in Einzelarbeit nachdenken sollen. Konkret sollen sie mindestens zwei Gründe nennen, warum es sie geben muss: Wem würden sie fehlen? Was ist an ihnen besonders wertvoll? Wenn die Schüler ihre Antworten gefunden haben, können Freiwillige vor ein Gremium treten und ihre „Sinngebung" vorstellen und begründen. Die Mitglieder des Gremiums (zwei Mitschüler) sind sehr kritisch und stellen Fragen. Wenn das Gremium zufrieden ist, wird der Befragte entlassen. Bietet der Befragte keine überzeugenden Antworten, wird er mit einer auffordernden Botschaft entlassen („Geh hin, und denke nach!" „Wir wünschen dir viel Glück!").

Variante

Die Zuschauer können durch Wortmeldung in das Gespräch einbezogen werden.

Hinweis

- Wichtig zu beachten, ist, dass es bei diesem Thema kein Richtig oder Falsch gibt.
- Es sollte niemand gezwungen werden, vor das Gremium zu treten.
- Da das Spiel auch sehr persönlich und ernst werden kann, sollten die Teilnehmer behutsam miteinander umgehen. Manchmal ist der Lehrer auch nach der Stunde als Gesprächspartner gefragt.

Reflexion

Nach dem Spiel sollten die genannten Argumente ausgetauscht und reflektiert werden.

Lebenswege

Selbsterfahrungsspiel

Spielart: Selbsterfahrungsspiel

Themen: Sinn des Lebens, Lebenswege

Ziel:
- seinen Gefühlen, Stimmungen und Gedanken Ausdruck verleihen
- sich bewusst werden, wie man durch das Leben geht

Alter: 14–19 Jahre

Dauer: ca. 15 Minuten

Teilnehmer: ganze Klasse

Material: Musik

Beschreibung

Die Schüler bewegen sich still im Raum. Im Hintergrund erklingt Musik. Der Lehrer gibt Anweisungen, wie sich die Schüler bewegen sollen:

- gehen und auf den Boden schauen
- einen Mitschüler in den Arm nehmen
- die anderen grüßen (ohne Worte)
- durch den Raum rennen
- Hindernisse wegräumen
- sich ein Ziel suchen und darauf losrennen
- in der momentanen Bewegung verharren
- einen Partner (Augen geschlossen) durch den Raum führen
- hinfallen und mühsam wieder aufstehen
- auf der Stelle stehen bleiben
- einem Mitschüler kräftig die Hand schütteln
- einen Weg gehen, stehen bleiben und ihn zurückgehen
- einen Fuß vor den anderen setzen
- laut lachen
- traurig vor sich hinblickend gehen
- durch den Raum tanzen
- der eigenen momentanen Stimmung entsprechend gehen
- so, wie ihr euch gern fühlen würdet, gehen

Variante

In einem größeren Raum bieten sich mehr Möglichkeiten (z.B. ein Ziel fixieren und darauf losrennen, so schnell wie möglich laufen).

Lebenswege

Selbsterfahrungsspiel

Hinweis
Das Spiel sollte in einem Raum stattfinden, in dem viel Platz zum Bewegen ist. Die Musik sollte nicht zu laut sein und eher dezente Rhythmen enthalten.

Reflexion
Im Anschluss macht der Lehrer deutlich, dass das Spiel eine Art Sinnbild für den eigenen Lebensweg sein kann. Bei der Auswertung können folgende Fragen helfen:
Wie fühle ich mich im Augenblick? Wie habe ich mich bei den einzelnen Übungen erlebt? Was ist mir bei den Mitspielern aufgefallen?
Was kann ich auf mein Leben und den Alltag übertragen?

Lust-Frust-Spiel

Selbsterfahrungsspiel

Spielart: Selbsterfahrungsspiel
Themen: Lust, Frust
Ziel: persönliche/n Lust und Frust ausdrücken
Alter: 10–14 Jahre

Dauer: ca. 45 Minuten
Teilnehmer: ganze Klasse
Material:
- Spielfeld (siehe Kopiervorlage
- Spielfiguren
- Würfel

Beschreibung

Das Lust-Frust-Spiel ist ein unvollständiges Spiel, das von den Schülern ergänzt werden soll. Die Schüler bilden zunächst Gruppen von vier bis sechs Personen. Die beigefügte Spielfeldvorlage muss dann mit Zahlen bzw. Pfeilen versehen werden, um den Weg kenntlich zu machen, den die Schüler nehmen sollen. Dann werden den einzelnen Symbolen, die auf dem Spielfeld eingezeichnet sind, Bedeutungen zugeordnet:

Das finde ich momentan gut!
Darüber ärgere ich mich!
Mein Wunsch für die Zukunft!

Die einzelnen Smileys werden farblich gekennzeichnet und bestimmten Situationen zugeordnet (z.B. grün = Unterricht, gelb = Mitschüler, rot = Schule). Kommt ein Schüler mit seiner Spielfigur auf ein solches Feld, benennt er ein Ereignis aus der Kombination von Symbol und Farbe (z.B. „Mein Wunsch für die Zukunft!" und „Unterricht").

Dazu sollten Spielregeln vereinbart werden (z.B. bei einem Wunsch für die Zukunft darf man noch mal würfeln, bei einem Feld, auf dem man sich ärgert, muss man in der nächsten Runde aussetzen, bei einer 3 muss man drei Felder zurückgehen usw.). Spielfiguren und Würfel gehören zur Grundausstattung des Spiels. Ziel des Spieles ist es, dass sich die Schüler über ihren momentanen Lust- bzw. Frustzustand äußern können.

Variante

Das Spielfeld ist offen, d.h., jeder kann an Kreuzungen den Weg nehmen, den er will.

Religion und Ethik

Lust-Frust-Spiel

Selbsterfahrungsspiel

Hinweis
- Die Spielregeln und -inhalte sollten dem Alter entsprechend formuliert werden.
- Es handelt sich hierbei um ein Selbsterfahrungsspiel.
  Entsprechend müssen die Schüler darauf vorbereitet werden.

Reflexion
In einem gemeinsamen Gespräch drücken die Schüler aus, wie sie sich nach dem Spiel fühlen.

Lust-Frust-Spiel

Kopiervorlage

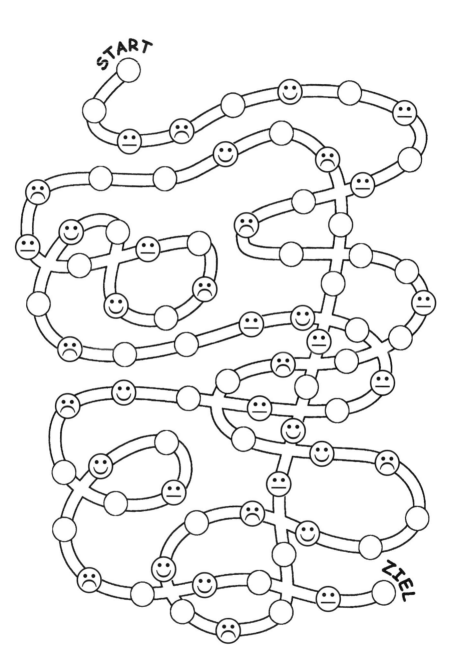

Religion und Ethik

Sinnsucher

Selbsterfahrungsspiel

Spielart: Selbsterfahrungsspiel, Motivationsspiel	**Teilnehmer:** ganze Klasse
Themen: Sinnsuche, menschliche Grundfragen	**Material:** ♦ Fotos ♦ Texte ♦ Lebensweisheiten ♦ Kurzfilme
Ziel: Erkenntnisse über menschliche Grundfragen gewinnen	♦ Musiktitel ♦ CD-Player
Alter: 14–19 Jahre	♦ Internetzugang
Dauer: ca. 90 Minuten	

Beschreibung

Der Lehrer erläutert einführend das Sinnsucher-Spiel. Die Schüler sollen sich vorstellen, sie seien Scouts auf der Suche nach Antworten auf menschliche Grundfragen: Woher kommt der Mensch? Woher kommt die Welt? Was ist der Mensch? Wohin geht der Mensch? Was kann ich wissen? Was darf ich hoffen? Was soll ich tun? usw. In mehreren Räumen (oder sogar in der ganzen Schule verteilt) sind Spuren zu finden, die helfen können, das Ziel zu erreichen und Antworten zu finden. Etwaige Spuren können unter anderem biblische Texte, Lebensweisheiten oder Zitate und Bilder von Menschen in verschiedenen Situationen sein. Die Schüler teilen sich in mehrere Sinnsucher-teams auf. Sie beschäftigen sich mit den gefundenen Spuren, diskutieren darüber und halten ihr Ergebnis schriftlich fest. Nach einer vorgegebenen Zeit treffen sich alle wieder im Klassenraum.

Variante

Die Schüler selbst suchen zunächst zu Hause nach Spuren-Material und bringen es in den Unterricht mit. Je mehr Materialien zur Verfügung stehen, umso interessanter wird das Spiel.

Hinweis

Das Spiel ist von der Vorbereitung her ein wenig aufwändig. Der Lehrer sollte im Vorfeld Materialien sammeln, die als Spuren ausliegen.

Sinnsucher

Selbsterfahrungsspiel

 Reflexion

Die einzelnen Gruppen berichten von den gefundenen Spuren und den Erkenntnissen, die sie daraus gewonnen haben. Der Lehrer hält die Ergebnisse stichwortartig an der Tafel fest. Die Schüler schreiben zu Hause einen Bericht über ihre persönlichen Erkenntnisse.

Klagemauer

Selbsterfahrungsspiel

Spielart: Selbsterfahrungsspiel
Themen: Leid, Klage, Buch Hiob, Psalmen
Ziel: Ausdrücken von Klagen und Unzufriedenheit
Alter: 12–19 Jahre
Dauer: ca. 20 Minuten
Teilnehmer: ganze Klasse
Material:
- Plakatwand
- Stifte
- Zettel

Beschreibung
Der Lehrer erläutert die Bedeutung der Klagemauer, die symbolisch durch eine Plakatwand im Klassenraum nachempfunden wird. Sie soll den Schülern als Plattform dienen, um alles auszusprechen, womit sie unzufrieden sind oder was sie belastet. Das kann ihr persönliches Umfeld, aber auch gesellschaftliche oder weltweite Probleme betreffen. Die Schüler schreiben nun ihre Klagen auf einen Zettel und heften ihn an die Klagemauer (alternativ kann die Mauer auch direkt beschrieben werden). Bei der Durchführung wird nicht gesprochen. Wenn alle fertig sind, können die Eintragungen in Ruhe betrachtet werden.

Variante
Eine Variante ist das Spiel „Jammerlappen". In die Mitte eines Stuhlkreises wird symbolisch ein Putzlappen gelegt. Die Teilnehmer können nun reihum jammern und alles aussprechen, was ihnen unter den Nägeln brennt und womit sie unzufrieden sind. Die Probleme werden nicht kommentiert oder diskutiert. Als Alternative zur „Klagemauer" kann auch eine „Jubelmauer" vorbereitet werden, auf der alles notiert werden kann, was die Schüler erfreut und sie glücklich macht.

Hinweis
Das Spiel eignet sich gut als Hinführung zur Problematik, die im Buch Hiob deutlich wird. Auch Psalmen bieten reichlich Stoff zum Thema. Dabei wäre es sinnvoll, darüber zu sprechen, welche Bedeutung das Klagen für die Lösung von Problemen hat.
Ein Hinweis auf die bekannte Klagemauer in Jerusalem wäre angebracht.

Spiele zur Unterrichtsgestaltung

Klagemauer

Selbsterfahrungsspiel

 Reflexion

Fragen zur Reflexion:
- Wie habe ich mich beim Klagen gefühlt?
- Wie haben die Klagen der anderen auf mich gewirkt?
- Wie fühle ich mich jetzt nach dem Spiel/der Klage?
- Welche Bedeutung hat das Jammern und Klagen in meinem Leben?

Überlebenskoffer

Selbsterfahrungsspiel

Spielart: Selbsterfahrungsspiel
Themen: Werte, Sinn des Lebens
Ziel: benennen und begründen, was jemandem wichtig ist
Alter: 14–19 Jahre

Dauer: ca. 45 Minuten
Teilnehmer: ganze Klasse
Material:
- Karten
- Stifte
- Klebepunkte

Beschreibung

Es werden zunächst Gruppen mit vier bis fünf Teilnehmern gebildet. Jede Gruppe erhält die folgende Aufgabenstellung:
Du bist auf dem Weg in eine ungewisse Zukunft. Fünf Dinge kannst du mitnehmen, die deiner Meinung nach zum Überleben wichtig sind. Es können ganz praktische Gegenstände sein (Auto, Stereoanlage, Buch, Computer), aber auch Gefühle (Mut, Selbstbewusstsein) kannst du einpacken. Diskutiert in der Gruppe die einzelnen Vorschläge, die genau begründet sein sollten. Einigt euch auf fünf Dinge, und schreibt sie auf einzelne Karten. Im Plenum stellen die Gruppen ihre Ergebnisse vor. Alle Karten werden nacheinander an die Tafel geheftet. Nun erhält jeder Schüler fünf Klebepunkte, die er auf die Karten verteilen kann. Es entsteht eine Prioritätenliste der fünf wichtigsten Dinge, die die Mehrzahl der Schüler in die Zukunft mitnehmen würde.

Variante

Geänderte Grundsituation: Du bist für drei Monate in einem leeren Raum eingesperrt. Was würdest du unbedingt mitnehmen?

Hinweis

Sicher werden die Schüler viele praktische Dinge benennen. Der Blick sollte aber vor allem auch auf Gefühle und Einstellungen gelenkt werden.

Reflexion

Die Bedeutung der am Schluss genannten fünf Dinge für das eigene Leben wird besprochen. Dabei kann auch ein Blick darauf geworfen werden, was an letzter Stelle der Prioritätenliste steht (Was ist überflüssig?).

Mein Lebenshaus

Selbsterfahrungsspiel

Spielart: Selbsterfahrungsspiel
Themen: Sinn des Lebens, Zukunft
Ziel: Reflexion des eigenen Lebens
Alter: 12–16 Jahre
Dauer: ca. 45 Minuten
Teilnehmer: ganze Klasse
Material: ♦ Kopiervorlage (siehe nächste Seite)
♦ Stifte

Beschreibung
Es werden zunächst 4er-Gruppen gebildet. Jeder Schüler erhält das beigefügte Arbeitsblatt, auf dem ein Haus abgebildet ist. Jeder soll für sich sein persönliches Lebenshaus malen. Das Kellergeschoss steht für die Vergangenheit, das Erdgeschoss für die Gegenwart und das Dachgeschoss für die Zukunft. Es können in jeder Etage eigene Zimmer gemalt werden, die einer bestimmten Erfahrung entsprechen (z.B. Abstellraum: Hier befinden sich die Vorräte für meine Zukunft/Spielzimmer: Hier kann ich mich entspannen und Kraft schöpfen). In diesem Haus hat alles Platz. Das können Angst und Glück, Krankheit und Hoffnung, aber auch Träume und Wünsche sein. Auch bestimmte Personen wohnen in diesem Haus. Nach etwa 20 Minuten stellen sich die Gruppenmitglieder ihre Häuser gegenseitig vor.

Variante
Jede Gruppe malt ein großes Haus auf ein Plakat. Alle Gruppenmitglieder haben dort ihre Räume eingezeichnet. Im Plenum werden die Lebenshäuser vorgestellt.

Hinweis
Der Lehrer sollte darauf achten, dass bei diesem Spiel sehr persönliche Erfahrungen beschrieben werden. Die Schüler sollten daher darauf hingewiesen werden, dass sie nur das zeichnen, was sie möchten, und nicht alle Erfahrungen offenlegen müssen.

Reflexion
Im Plenum werden die Erfahrungen beim Gestalten der Häuser und die anschließenden Gruppengespräche reflektiert.

Religion und Ethik

Mein Lebenshaus

Kopiervorlage

Erste-Hilfe-Kiste

Selbsterfahrungsspiel

Spielart: Selbsterfahrungsspiel

Thema: Angst

Ziel: Angst erkennen und lernen, mit ihr umzugehen

Alter: 10–16 Jahre

Dauer: ca. 30 Minuten

Teilnehmer: ganze Klasse

Material:
- Karten
- Stifte
- mehrere kleine Kisten (beschriftet mit „Erste-Hilfe-Kiste")

Beschreibung
Die Schüler stellen sich vor, dass sie als Angst-Sanitäter arbeiten. Wenn sie im Einsatz sind, haben sie natürlich immer ihre Erste-Hilfe-Kiste dabei. In ihr befindet sich alles, was gegen die Angst eingesetzt werden kann. Es werden mehrere Gruppen gebildet, die jeweils eine Kiste erhalten. Sie sollen sich überlegen, was in die Anti-Angst-Kiste gehört (z.B. Freundschaft, Hoffnung, Vertrauen). Sie beschriften Karten und legen sie in die Kiste. Im Plenum werden die einzelnen Kisten vorgestellt und erläutert, warum gerade dieser Inhalt hilfreich gegen die Angst sein wird. Die wichtigsten „Angstkiller" werden an der Tafel notiert.

Variante
Jede Gruppe präsentiert den wichtigsten Inhalt des Koffers mit einem Rollenspiel.

Hinweis
Angst ist heute zu einer Art Volkskrankheit geworden, von der auch Kinder und Jugendliche betroffen sind. Sie kann lähmen, blockieren und mutlos machen. Es geht bei diesem Spiel nicht darum, Angst auszureden oder sie zu verharmlosen, sondern darum, Wege aus der Angst zu finden.

Reflexion
Die an der Tafel notierten wichtigsten „Angstkiller" werden im Gespräch genauer betrachtet. Dabei sind vor allem Beispiele aus dem Alltag wichtig, die die Schüler einbringen können.

Sinnesgang

Selbsterfahrungsspiel

Spielart: Selbsterfahrungsspiel

Themen: Sinne, Wahrnehmung

Ziel: Schulung der Sinne

Alter: 10 – 16 Jahre

Dauer: ca. 30 Minuten

Teilnehmer: ganze Klasse

Material: Augenbinde

Beschreibung
Die Schüler bilden 2er-Gruppen. Sie haben die Aufgabe, in die Natur zu gehen und sich nacheinander mit allen fünf Sinnen zu beschäftigen. Dabei hat der begleitende Schüler (B) die Aufgabe, die Sinneswahrnehmungen für den wahrnehmenden Schüler (A) auszuwählen. Zwischendurch werden die Rollen getauscht. Während des Spiels wird nicht gesprochen. Für jeden Sinn stehen etwa drei bis vier Minuten zur Verfügung.
1. **Sehen:** A konzentriert sich ganz auf das, was er sieht.
2. **Tasten und fühlen:** Die Augen von A werden verbunden. B führt ihn und lässt ihn verschiedene Gegenstände berühren (Hauswand, Baum etc.).
3. **Hören:** A soll sich ganz auf das konzentrieren, was er hört.
4. **Schmecken:** Bei dieser Übung soll sich A auf den Geschmack bestimmter Dinge konzentrieren, ohne dass er sie wirklich schmeckt.
5. **Riechen:** Wie riecht die Natur? Wie riecht es im Gebäude?

Variante
Erst nachdem der erste Schüler alle Sinnesübungen vollzogen hat, werden die Rollen getauscht. Hier muss jedoch mehr Zeit zur Verfügung stehen.

Hinweis
Dieses Spiel verlangt viel Konzentration. Daher ist es wichtig, die Schüler entsprechend darauf einzustimmen.

Reflexion
Die Reflexion geschieht zunächst im Partnergespräch. B macht sich dabei Notizen über die einzelnen Sinneswahrnehmungen. Anschließend werden im Plenum die Erfahrungen ausgetauscht.

Mein Markenzeichen

Selbsterfahrungsspiel

Spielart: Selbsterfahrungsspiel

Thema: Wie bin ich, und wie erlebe ich mich?

Ziel: Auseinandersetzung mit der eigenen Person

Alter: 10–16 Jahre

Dauer: ca. 45 Minuten

Teilnehmer: ganze Klasse

Material:
- Plakate
- Buntstifte

Beschreibung

Die meisten Firmen verfügen heutzutage über ein Logo, mit dessen Hilfe sie ausdrücken wollen, wer sie sind. Die Schüler sollen ihr eigenes Markenzeichen gestalten, mit dessen Hilfe sie sich selbst präsentieren (Was ist typisch an mir, und was zeichnet mich besonders aus?) Das Logo kann aus Zeichen, Symbolen, Farben und einzelnen Wörtern bestehen und soll aussagekräftig sein.

Variante

Die Schüler erstellen eine Visitenkarte, auf der ihre besonderen Stärken vorgestellt werden.

Hinweis

Der Lehrer kann als Hinführung unterschiedliche Logos vorstellen.

Reflexion

Die Schüler stellen ihre Logos nacheinander vor und erläutern die Symbole und Texte.

Religion und Ethik

Steine ertasten

Selbsterfahrungsspiel

Spielart: Selbsterfahrungsspiel	**Dauer:** ca. 15 Minuten
Thema: bewusst leben	**Teilnehmer:** ganze Klasse
Ziel: bewusste Wahrnehmung einüben	**Material:** Steine
Alter: 10 –16 Jahre	

Beschreibung

Der Lehrer stellt einen Korb mit etwa gleich großen Steinen in die Mitte. Jeder Schüler kann sich einen Stein aussuchen. Jeder soll den ausgesuchten Stein nun zu seinem Stein machen, indem er ihn genau betrachtet, erfühlt, an ihm riecht und ihn in der Hand wiegt. Nachdem alle die besonderen Eigenarten ihres Steines erkundet haben, werden alle Steine wieder eingesammelt und in den Korb gelegt.
Anschließend soll jeder seinen Stein in dem Korb wiederfinden.

Variante

- Im Korb befinden sich Äpfel, die alle Schüler intensiv wahrnehmen sollen.
- Beim Wiederfinden des Steines sollen die Schüler die Augen schließen.
- In einer Kiste mit einer Öffnung liegen unterschiedliche Gegenstände. Nacheinander sollen die Schüler hineingreifen und einen Gegenstand ertasten und dann sagen, um was es sich handelt.

Hinweis

Obwohl die Schüler in dem Spiel Steine ertasten, geht es letztlich darum, bewusst mit allen Sinnen zu leben.

Reflexion

- Was war das Besondere an meinem Stein?
- Woran habe ich ihn wiedererkannt?
- Was sagt dieses Spiel über meine Wahrnehmung der Welt und der Menschen aus?

Sprechende Bilder

Selbsterfahrungsspiel

Spielart: Selbsterfahrungsspiel

Themen: Selbsterfahrung, Selbstwahrnehmung

Ziel:
- einen visuellen Impuls zur Selbsterfahrung geben
- Einstieg in ein Thema
- Gesprächsmotivation

Alter: 10–19 Jahre

Dauer: ca. 20 Minuten

Teilnehmer: ganze Klasse

Material: Bildkartei

Beschreibung

Der Lehrer legt eine Vielzahl an Bildern aus. Die Schüler sollen wie bei einer Ausstellung an den Bildern vorbeigehen, sie genau betrachten und sich ein Bild aussuchen. Die Auswahl erfolgt dabei nach der Fragestellung: „Suche dir ein Bild aus, das etwas von dir erzählt – aus deinem Leben, von deinen Erfahrungen oder deinen Gefühlen." Anschließend stellt jeder Schüler in höchstens drei Sätzen sein Bild vor und das, was es von ihm erzählt. Die Beiträge der Schüler werden nicht kommentiert oder diskutiert.

Variante

- Jeder Schüler sucht sich mehrere Bilder aus und erzählt damit eine Geschichte aus seinem Leben.
- Die Bilder können auch in Kleingruppen vorgestellt werden.
- Zwei bzw. drei Schüler müssen sich gemeinsam auf ein Bild einigen, sprechen kurz darüber und stellen es dann den anderen vor.

Hinweis

Eine Bildkartei kann man sich aus Zeitungen und Zeitschriften selbst zusammenstellen und so bei jeder passenden Gelegenheit einsetzen. Auch Postkarten eignen sich gut.

Reflexion

Wie haben die ausgelegten Bilder auf mich gewirkt?
Hätte ich gerne mehrere Bilder ausgewählt?

Sichtweisen

Selbsterfahrungsspiel

Spielart: Selbsterfahrungsspiel

Themen: sich bewusst werden, wie man die Welt und sein Leben sieht

Ziel:
- Befindlichkeiten ausdrücken
- Selbst- und Fremdwahrnehmung

Alter: 14–19 Jahre

Dauer: ca. 20 Minuten

Teilnehmer: ganze Klasse

Material: Brillen mit unterschiedlichen Farben

Beschreibung

Der Lehrer erläutert den Ablauf des Spiels. Es geht darum, seine momentane Befindlichkeit auszudrücken. Im Mittelpunkt steht die Frage: Durch welche Brille sehe ich mein Leben? Dazu liegen mehrere Brillen aus, die alle eine unterschiedliche Farbe haben.

Jede Brille steht für eine Haltung und Sicht der Dinge:

Rot = Ich-bin-gut-drauf-Brille
Gelb = Vertrauens-Brille
Grün = Misstrauens-Brille
Blau = Es-könnte-besser-sein-Brille
Schwarz = Ich-sehe-alles-schwarz-Brille
Rosa = Es-läuft-alles-gut-Brille
Lila = Mich-kann-niemand-leiden-Brille
Orange = Ich-suche-Freunde-Brille

Jeder Schüler nimmt sich eine Brille und setzt sie auf. Alle bewegen sich im Raum und begegnen ihren Mitschülern. Sie unterhalten sich darüber, wie die Sichtweise des Einzelnen ist, was dazu beiträgt und wie es geändert werden kann.

Variante

- Die Gespräche werden in Kleingruppen geführt.
- Die Schüler setzen am Beginn einer Stunde eine Brille auf, um ihre Befindlichkeit auszudrücken.

Sichtweisen

Selbsterfahrungsspiel

Hinweis

Dieses Spiel verlangt einige Vorbereitung. Die entsprechenden farblichen Brillen müssen hergestellt werden. Das kann entweder in Zusammenarbeit mit dem Kunstlehrer geschehen, oder die Schüler basteln sie zu Hause.

Reflexion

- Warum hast du gerade diese Brille ausgewählt?
- Welche Brille würdest du lieber tragen?
- Welche Brille möchtest du nicht tragen?
- Wie hast du die Gespräche mit den anderen Brillenträgern erlebt?

Autobiografie

Selbsterfahrungsspiel

Spielart: Selbsterfahrungsspiel	**Alter:** 14–19 Jahre
Thema: Lebenswege	**Dauer:** ca. 30 Minuten
Ziel: wichtige Stationen im eigenen Lebensweg benennen und reflektieren	**Teilnehmer:** ganze Klasse
	Material: –

Beschreibung

Die Schüler sollen sich vorstellen, dass sie eine Autobiografie über ihr bisheriges Leben schreiben werden. Dazu sollen sie zunächst auf ihren bisherigen Lebensweg zurückblicken und die wichtigsten Stationen notieren. Das können schöne und wertvolle Erfahrungen sein, aber auch Krisenzeiten. Aus dem gesammelten Material soll jeder Schüler ein Inhaltsverzeichnis für sein Buch schreiben. Anschließend bilden sich 4er-Gruppen. In den Gruppen stellen sich die Teilnehmer ihre Inhaltsverzeichnisse gegenseitig vor und überlegen, wo die Gemeinsamkeiten und Unterschiede liegen.

Variante

- Neben der Inhaltsangabe überlegen sich die Schüler einen Titel für ihr Buch.
- Das Buch beinhaltet auch ein Kapitel über die Zukunft.

Hinweis

Da es bei manchen Jugendlichen markante Einschnitte im Leben gegeben hat (z.B. Scheidung der Eltern, Tod eines geliebten Menschen), sollte der Lehrer bei der Einführung deutlich machen, dass jeder persönlich Grenzen setzen kann, was er bereit ist, mitzuteilen.

Reflexion

- Was ist mir beim Verfassen meines Inhaltsverzeichnisses deutlich geworden?
- Wie habe ich den Vergleich der unterschiedlichen Lebenswege erlebt?
- Wo lagen die Gemeinsamkeiten und Unterschiede?

Stärken-ABC

Selbsterfahrungsspiel

Spielart: Selbsterfahrungsspiel
Themen: Persönlichkeit, Ich-Stärke
Ziel: persönliche Stärken finden
Alter: 10–19 Jahre

Dauer: ca. 30 Minuten
Teilnehmer: ganze Klasse
Material:
- Buchstaben-Blätter
- ABC-Listen
- Stifte

Beschreibung
Auf dem Boden oder an den Wänden sind Buchstaben-Blätter verteilt (je Blatt ein Buchstabe). In einer ersten Runde sollen die Schüler herumgehen und zu jedem Buchstaben eine Stärke formulieren und aufschreiben. Dabei kann es sich um ein starkes Wort (Selbstbewusstsein, Kreativität) oder einen starken Satz handeln (Ich will die Welt positiv verändern! Ich will Mut zeigen!).
In einer zweiten Runde erhält jeder Schüler ein ABC-Blatt, auf dem das Alphabet aufgelistet ist. Er soll die notierten Stärken noch einmal in Ruhe betrachten und auf seinem Blatt zu den einzelnen Buchstaben persönliche Stärken notieren.

Variante
Alternativ zu den Stärken-Listen werden Schwächen-Listen angefertigt.

Hinweis
Es sollte darauf geachtet werden, dass das Spiel nicht zu einem Wettstreit der meisten Stärken benutzt wird. Daher sollte der Lehrer in der zweiten Runde einzelne Schüler bei ihrem Rundgang begleiten und bestärken.

Reflexion
- Welche persönlichen Stärken habe ich bei mir entdeckt?
- Über welche Stärke würde ich gerne verfügen, und wie kann ich das erreichen?
- Wie kann ich meine Stärken sinnvoll einsetzen?
- Darf ich trotz meiner Stärken auch Schwächen zeigen?

Originale

Selbsterfahrungsspiel

Spielart: Selbsterfahrungsspiel
Thema: Wer bin ich?
Ziel: erkennen, dass jeder Mensch ein Original ist
Alter: 14–19 Jahre
Dauer: ca. 30 Minuten
Teilnehmer: ganze Klasse
Material: ♦ persönliche Gegenstände
♦ Kiste

Beschreibung
Alle Schüler legen, ohne dass es die anderen sehen können, einen persönlichen Gegenstand (Foto, Ring, Uhr, Handy, MP3-Player etc.) in eine Kiste. Der Lehrer entnimmt einen Gegenstand. Die Schüler sollen ihn einem Mitschüler zuordnen, indem sie ihn genau betrachten. Die Auswahl muss begründet werden. Es ist dabei auch möglich, dass ein Gegenstand zu mehreren Schülern passen kann. Der Eigentümer erzählt, warum der Gegenstand typisch für ihn ist und was er ihm bedeutet („In diesem Handy sind alle meine wichtigen Kontaktadressen und Nachrichten gespeichert").

Variante
Damit das Spiel noch authentischer wird, bringen die Schüler Gegenstände von zu Hause mit (Fotoalbum, eine alte Puppe).

Hinweis
Es sollte bei dem Spiel deutlich werden, dass jeder Mensch ein Original ist und dass zu dieser Originalität auch die Gegenstände zählen, die er besitzt. Sie haben eine Bedeutung für ihn und sein Leben.

Reflexion
♦ Haben die Gegenstände etwas Typisches über eine Person ausgesagt, das euch bekannt/nicht bekannt war?
♦ Was habt ihr voneinander gelernt?
♦ Haben die Personen, denen der gleiche Gegenstand zugeordnet wurde, in Wirklichkeit Gemeinsamkeiten?

Stelle dir vor, du wärst …

Selbsterfahrungsspiel

Spielart: Selbsterfahrungsspiel

Themen: Wer bin ich?, Selbst- und Fremdwahrnehmung

Ziel: sich selbst durch Metaphern beschreiben

Alter: 10–16 Jahre

Dauer: ca. 30 Minuten

Teilnehmer: ganze Klasse

Material:
- Papier
- Stifte

Beschreibung

Der Lehrer fordert die Schüler auf, sich vorzustellen, sie wären ein Tier, ein Auto, ein Möbelstück, eine Pflanze, Blume, Farbe oder ein Musikinstrument. Was würde zu ihnen und ihren Eigenschaften passen? Jeder notiert auf einem Blatt den Namen und eine kurze Erläuterung (Ich bin wie ein Fuchs, weil ich schlau bin). Alle Blätter werden nun verdeckt ausgelegt. Nacheinander werden sie aufgedeckt und vorgelesen. Die Schüler raten, zu wem die jeweilige Beschreibung passen könnte. Der richtige Schreiber meldet sich und erläutert kurz seine Auswahl. Falls falsch geraten wurde, müssen die Schüler dies begründen.

Variante

- Nicht der Betroffene sucht sich eine Metapher aus, sondern die Mitschüler (Fremdwahrnehmung). Sie begründen ihre Auswahl.
- Die Schüler beschreiben sich umfassender, indem sie mehrere Eigenschaften nennen dürfen.

Hinweis

Um sich selbst zu beschreiben, können Bilder sehr hilfreich sein. Das Spiel kann auch zurückhaltende Schüler ermutigen, etwas von sich zu erzählen.

Reflexion

- Ist es dir schwergefallen, ein passendes Bild für dich zu finden?
- Ist deine Wahl treffend gewesen?
- Haben dich deine Mitschüler anders gesehen?
- Hast du etwas Neues über Mitschüler erfahren, was du bisher noch nicht wusstest?

Versöhnung

Selbsterfahrungsspiel

Spielart: Selbsterfahrungsspiel

Themen: Aggression, Schuld, Versöhnung

Ziel:
- Konflikte lösen
- lernen, mit Aggressionen umzugehen

Alter: 10–16 Jahre

Dauer: ca. 10 Minuten

Teilnehmer: ganze Klasse

Material: –

Beschreibung

Es werden zwei Gruppen gebildet, deren Aufgabe es sein wird, sich gegenseitig zu beschimpfen. Dazu bereitet sich jede Gruppe vor und sammelt Vorwürfe, Beleidigungen und Beschimpfungen, in denen jedoch nicht einzelne Personen angesprochen werden dürfen. Die Gruppen stellen sich gegenüber auf. Die erste Gruppe beginnt mit ihren wütenden Beschimpfungen. Dabei ist eine Zeit (ca. eine Minute) festgelegt. Die andere Gruppe verhält sich ruhig und darf nicht sprechen. Nun tauschen die Gruppen die Rollen. In einer nächsten Runde dürfen sich beide Gruppen gegenseitig beschimpfen. Die Schlussrunde ist die entscheidende. Beide Gruppen gehen aufeinander zu und versöhnen sich (Hand geben, Umarmungen, Entschuldigungen aussprechen).

Variante

Es wird ein konkreter Konflikt vorgegeben, der Anlass für die Beschimpfungen ist.

Hinweis

Der Schwerpunkt bei diesem Spiel liegt nicht auf dem aggressiven Beschimpfen, sondern auf der Versöhnung.

Reflexion

- Wie habe ich mich bei dem Spiel gefühlt?
- In welcher Rolle fühlte ich mich am wohlsten bzw. am schlechtesten?
- War es schwer für mich, die Beschimpfungen zunächst schweigend über mich ergehen zu lassen.
- Wie habe ich die Versöhnung erlebt?

Standbilder

Kreativspiel

Spielart: Kreativspiel

Thema: beliebiges Thema

Ziel:
- Einfühlen in bestimmte Situationen, Gefühle und Haltungen
- Denken in Bildern

Alter: 10–16 Jahre

Dauer: ca. 20 Minuten

Teilnehmer: ganze Klasse

Material: –

Beschreibung
Es werden mehrere Gruppen gebildet. Die Gruppen erhalten ein gemeinsames Thema. Dieses soll mit Hilfe von Standbildern ausgedrückt/symbolisiert werden. Einige Gruppenmitglieder sind Erbauer, andere die Darsteller, die sich wie Gummipuppen formen lassen. Alle Gruppen präsentieren abschließend ihre Kunstwerke.

Variante
- Während der Bauphase wird nicht gesprochen.
- Wenn es sich um einen Text handelt, der dargestellt wurde, wird er bei der Präsentation vorgelesen.

Hinweis
Mit Standbildern lassen sich Gefühle (z.B. Schuld), Stimmungen, soziale Erfahrungen und Haltungen körperlich-sinnlich ausdrücken. Auch Beziehungen (Liebe, Konflikte) können sehr gut verdeutlicht werden. Außerdem können Szenen aus der Bibel visualisiert werden.
Um die Standbilder festzuhalten und immer wieder Bezug darauf nehmen zu können, werden sie fotografiert und in vergrößerter Form ausgehängt.

Reflexion
Die Schüler erarbeiten gemeinsam den Bezug des Standbildes zum aktuellen Thema. Dabei beschreiben sie die einzelnen Standbilder und die Unterschiede in der Darstellung. Die Gestalter erläutern, von welcher Idee sie ausgegangen sind. Die Darsteller beschreiben ihre Gefühle.

Textpuzzle

Kreativspiel

Spielart: Kreativspiel, Motivationsspiel

Thema: beliebiges Sachthema

Ziel: ▸ Hinführung zu einem Thema
▸ Wiederholung und Sicherung des Lernerfolgs

Alter: 10–14 Jahre

Dauer: ca. 15 Minuten

Teilnehmer: ganze Klasse

Material: ▸ Text-Puzzleteile
▸ Leerblatt
▸ Klebestifte

Beschreibung

Der Lehrer hat mehrere Texte in viele kleine Teile zerschnitten. Mehrere Gruppen erhalten jeweils einen anderen Puzzletext, den sie richtig zusammensetzen sollen, indem sie sich am Text orientieren. Mehrere Puzzleteile fehlen, die dann nachträglich rekonstruiert werden sollen.

Variante

Die Puzzleteile werden mit Magneten an der Tafel befestigt.

Hinweis

Die Schüler sollen in erster Linie über den Text das Puzzle vervollständigen, und nicht über die Form.
Vor allem die Textergänzungen sind einfacher zu handhaben, wenn das Textblatt auf DIN A3 vergrößert vorliegt.

Reflexion

Die Schüler präsentieren ihre Ergebnisse und erläutern, woran sie erkannt haben, welches Teil an die entsprechende Stelle gehört. Die eingefügten Texte werden mit dem Originalteil verglichen.

Symbole erzählen Geschichten

Kreativspiel

Spielart: Kreativspiel
Thema: religiöse Symbole
Ziel: religiöse Erfahrungen mit einem Symbol verbinden

Alter: 10–12 Jahre
Dauer: ca. 45 Minuten
Teilnehmer: ganze Klasse
Material: ▸ Papier
▸ Stifte

Beschreibung

Die Schüler sollen überlegen, welche religiösen Symbole sie kennen. Sie werden an der Tafel notiert (z.B. Kreuz, Kerze, Rosenkranz, Altar, Kelch, Hostie). Jeder sucht sich ein Symbol aus und malt es auf ein Blatt Papier. Dabei sollen die Schüler sich überlegen, was sie damit verbinden und wo sie ihm begegnet sind. Nacheinander stellen die Schüler ihre Symbole vor. Dabei erzählen die Symbole selbst eine Geschichte aus dem Leben:
„Ich bin eine Taufkerze, und ich spielte eine wichtige Rolle bei der Taufe von David. Noch heute stehe ich in seinem Zimmer, und ab und zu zündet er mich an". Das gezeichnete Symbol wird an eine Wand geheftet.

Variante

Die Schüler erhalten in der vorangehenden Stunde die Hausaufgabe, ein religiöses Symbol von zu Hause mitzubringen.

Hinweis

Das Spiel eignet sich gut als Einstieg in den Religionsunterricht am Beginn des Schuljahres.

Reflexion

Wenn alle ihre religiösen Symbole vorgestellt haben, werden die Bilder nochmals betrachtet. In einer abschließenden Runde können die Schüler zu einzelnen Vorträgen Nachfragen stellen. Dabei kann der Lehrer die Bedeutung der Symbole kurz erläutern.

Kurzgeschichte

Kreativspiel

Spielart: Kreativspiel	**Alter:** 10–14 Jahre
Thema: Gewissen	**Dauer:** ca. 15 Minuten
Ziel: ▸ ein Thema sprachlich entfalten ▸ Fantasie entwickeln ▸ sich Gedanken zum Thema „Gewissen" machen	**Teilnehmer:** ganze Klasse **Material:** Begriffskarten

Beschreibung

Die Schüler sollen eine Geschichte erfinden und dabei spontan frei erzählen. Jeder Schüler erzählt hier allerdings nur einen kurzen Teil der Geschichte, die dann von einem anderen Schüler weitererzählt wird. Folgende vorgegebene Wörter (die auf Begriffskarten notiert werden) müssen in die Geschichte eingebaut werden: „innere Stimme, gut, böse, Schuldgefühl, Umkehr, Vergebung, Wiedergutmachung, Entscheidung treffen, Verantwortung, schlechtes Gefühl, gutes Gefühl, Gerücht, dankbar, Tu es!, Lass es sein!"

Der Lehrer gibt dem ersten Erzähler eine Begriffskarte. Der beginnt seine Geschichte (z.B. „Manchmal fühlte Martin sich ganz seltsam. Er hörte etwas wie eine innere Stimme, die zu ihm sprach."). Nach einigen Sätzen zeigt der Lehrer dem zweiten Erzähler einen neuen Begriff. Er erzählt die Geschichte weiter. Die Geschichte dauert so lange, bis alle Begriffe verwendet wurden.

Variante

▸ Nach der Besprechung der ersten Geschichte wird eine zweite Runde durchgeführt, deren Inhalt vielleicht ganz andere Akzente hat.
▸ Es wird ein Sachtext verwendet, aus dem Wörter ausgewählt werden.

Hinweis

Dieses Spiel kann bei vielen Themen als Hinführung verwendet werden.

Reflexion

Die Geschichte wird nochmals kurz inhaltlich wiederholt.
Was war das Thema, und wie wurde es entfaltet?

Textgemälde

Kreativspiel

Spielart: Kreativspiel
Thema: beliebiges Sachthema
Ziel: kreatives Erschließen eines Textes
Alter: 10–19 Jahre

Dauer: ca. 45 Minuten
Teilnehmer: ganze Klasse
Material:
- Papier
- Buntstifte
- Textblatt

Beschreibung
Es werden 2er-Gruppen gebildet. Alle Gruppen erhalten denselben Text (z.B. eine biblische Geschichte oder einen Sachtext), den sie zunächst durchlesen. Anschließend sollen sie gemeinsam dazu ein Bild malen. Während des Lesens und Malens darf nicht gesprochen werden. Das gemeinsame Bild entsteht, indem die beiden Teilnehmer abwechselnd einen Teil des Bildes malen.

Variante
Nur ein Schüler der 2er-Gruppe darf den Text lesen. Der zweite Schüler malt ein Bild nach seiner Anweisung, ohne dass sein Partner ihm den Text vorstellt.

Hinweis
Manchmal sagen Bilder mehr als Worte. Das Spiel kann daher Details des Textes visualisieren, die wir häufig in Worten nicht ausdrücken können.

Reflexion
Zunächst unterhalten sich die Gruppenmitglieder über ihr Ergebnis und wie es sich entwickelt hat. Anschließend werden die Ergebnisse im Plenum präsentiert. Dabei ist es wichtig, darauf zu schauen, wie die Schüler die textlichen Informationen verstanden und bildlich umgesetzt haben.

Kettengeschichte

Kreativspiel

Spielart: Kreativspiel	**Dauer:** ca. 20 Minuten
Thema: beliebiges Sachthema	**Teilnehmer:** ca. 10 Teilnehmer (beliebig erweiterbar)
Ziel: Texte kreativ erarbeiten	**Material:** beschriftete Karten
Alter: 10–16 Jahre	

Beschreibung

Vorbereitung:
Der Lehrer hat aus einer biblischen Geschichte oder einem Sachtext ca. zehn Begriffe oder Phrasen auf vorgefertigte Karten geschrieben.

Spielverlauf:
Die Schüler (Zahl der Karten und Teilnehmer sind identisch) erhalten die Aufgabe, mit Hilfe der Karten eine Geschichte zu erfinden. Die Karten liegen verdeckt in der Mitte. Der erste Schüler zieht die oberste Karte und beginnt, eine Geschichte, in der der Begriff der Karte vorkommen muss, zu erzählen. Der nächste Schüler zieht die zweite Karte und setzt die Geschichte fort. Das Spiel endet, wenn alle Karten gezogen sind. Dabei muss der letzte Spieler darauf achten, dass die Geschichte einen richtigen Schluss hat. Am Schluss liest der Lehrer den Originaltext vor.

Variante

- Es werden mehrere Gruppen gebildet, die jeweils zu den genannten Begriffen eine Geschichte erfinden.
- Mehrere Gruppen erhalten die Karten mit den Begriffen und bereiten einen Vortrag dazu vor.

Hinweis

Das Spiel bietet eine gute Möglichkeit, zu unbekannten Geschichten und Texten hinzuführen, um sie anschließend zu erarbeiten.

Reflexion

Die Schüler vergleichen die unterschiedlichen Textergebnisse.

Malquiz

Kreativspiel

Spielart: Kreativspiel
Thema: beliebiges Sachthema (Kirchenjahr)
Ziel: Begriffe erraten durch kreative Hinweise

Alter: 10–14 Jahre
Dauer: ca. 20 Minuten
Teilnehmer: ganze Klasse
Material: Tafel oder Flipchart

 ### Beschreibung
Es werden zunächst zwei Gruppen gebildet, die im Spiel gegeneinander antreten. Jede Gruppe besteht aus Personen, die Begriffe zeichnerisch umsetzen, und Personen, die die gemalten Begrifflichkeiten erraten müssen.
Die erste Gruppe schickt einen Maler nach vorne. Der Lehrer zeigt ihm einen Begriff (z.B. Advent). Der Schüler hat eine Minute Zeit, das Wort zeichnerisch an der Tafel umzusetzen. Seine Mitspieler müssen den Begriff erraten. Gelingt dies, erhält die Gruppe einen Punkt. Ist die Antwort falsch oder wurde der Begriff nicht erraten, erhält die andere Gruppe den Punkt. Anschließend ist die zweite Gruppe an der Reihe usw. Gewonnen hat die Gruppe, die die meisten Punkte gesammelt hat.

 ### Variante
Die einzelnen Kirchenfeste werden pantomimisch dargestellt.

 ### Hinweis
Das Spiel lässt sich natürlich auch auf andere Themen übertragen, um Lerninhalte zu wiederholen und zu festigen. Auch mehrere Themen, die im Laufe des Schuljahres behandelt wurden, können so spielerisch wiederholt werden.

 ### Reflexion
In einem abschließenden Gespräch verdeutlichen die Maler, warum sie den zu erratenden Begriff in dieser Art und Weise umgesetzt haben.

Religion und Ethik

Kreuzworträtsel

Kreativspiel

Spielart: Kreativspiel
Thema: beliebiges Sachthema
Ziel: ▶ Hinführung zu einem Thema
 ▶ Ideensammlung
 ▶ Wiederholung des Lernstoffs

Alter: 10–14 Jahre
Dauer: ca. 30 Minuten
Teilnehmer: ganze Klasse
Material: ▶ Arbeitsblatt
 ▶ Stifte

Beschreibung

Der Lehrer hat ein Arbeitsblatt vorbereitet, auf dem große Kästchen für ein Kreuzworträtsel vorgegeben sind. Ein Thema wird waagerecht oder senkrecht in die Mitte geschrieben. Die Schüler suchen Begriffe, die sie mit dem Thema verbinden. Diese werden waagerecht und senkrecht ergänzt. Alle Blätter werden anschließend an einer Wand ausgestellt.

Variante

▶ Es wird ein Riesen-Plakat mit sehr vielen Kästchen vorbereitet. Darauf stehen waagerecht und senkrecht einige Begriffe. Die Schüler sollen diese nun, wie oben beschrieben, ergänzen.
▶ Das Kreuzworträtsel wird gestaltet, indem Begriffe zu vorgegebenen Umschreibungen gefunden und eingetragen werden. Möglich ist auch ein Schwedenrätsel, bei dem die zu suchenden Begriffe in einem Buchstabenwirrwarr versteckt sind.

Hinweis

Es gibt mittlerweile gute Computerprogramme, mit deren Hilfe sich Kreuzworträtsel ohne großen Aufwand selbst konstruieren lassen.
Mit der kostenlosen Autorensoftware „Hot Potatoes" (www.hotpotatoes.de) können am Computer mühelos Kreuzworträtsel erstellt werden.

Reflexion

Die Ergebnisse werden miteinander verglichen und an die Tafel geschrieben.

Gespielte Thesen

Kreativspiel

Spielart: Kreativspiel

Thema: Bio- und Gentechnik

Ziel:
- Texte durch Körpersprache und Stimme ausdrücken
- Einführung in die wichtigsten Unterrichtsthesen der folgenden Stunde

Alter: 12–19 Jahre

Dauer: ca. 15 Minuten

Teilnehmer: je nach Anzahl der Thesen

Material: Karten mit Unterrichtsthesen

Beschreibung

Der Lehrer hat einige Karten vorbereitet, auf denen die wichtigsten Thesen der folgenden Stunde jeweils in einem Satz notiert sind (Beispielthesen finden Sie auf der nachfolgenden Seite). Die Schüler gehen nacheinander nach vorne, ziehen eine Karte und lesen sich die Thesen leise durch. Nun sollen sie mit Einsatz des ganzen Körpers (Gestik, Mimik und Bewegung) und mit einer dem Text entsprechenden Stimme die Thesen vortragen.

Variante

- Es werden mehrere Sätze gleichzeitig von unterschiedlichen Schülern präsentiert. Die einzelnen Spieler präsentieren ihre Thesen zuerst in normaler Lautstärke. Danach werden sie – verstärkt durch Körper und Stimme – immer nachdrücklicher.
- Es können beliebige Sachthemen aufgegriffen werden.

Hinweis

Die Körpersprache bietet zusätzliche Möglichkeiten, einem Inhalt Ausdruck zu verleihen. Außerdem können sich viele Schüler die Thesen auf diese Weise besser merken.

Reflexion

- Wie wurden die Thesen stimmlich und körperlich präsentiert?
- Welche These kam am deutlichsten an?
- Welche These hätte ich anders dargestellt?
- Welche These konnte ich mir am besten merken?

Religion und Ethik

Thesen zur Bio- und Gentechnik

Kopiervorlage

- Der Mensch darf nicht alles, was er kann!

- Die Würde des Menschen setzt dem technischen Fortschritt Grenzen!

- Dürfen wir alles tun, was technisch möglich ist?

- Der Mensch muss nach Werten handeln, die er sich selbst gesetzt hat!

- Wir können der Natur nicht immer ihren freien Lauf lassen!

- Der Fortschritt erhöht die Lebensqualität und rettet Leben!

- Gesetzliche Grundlagen sollten dem wissenschaftlichen Streben Grenzen setzen!

- Ethikkomitees, bestehend aus Naturwissenschaftlern, Ärzten, Philosophen, Theologen, Juristen, Politikern und so genannten „Laien", sollten bei bioethischen Entscheidungen mitwirken!

- Beim Einsatz von lebensverlängernden Maßnahmen sollten Ärzte, Patienten und Angehörige bei der Entscheidungsfindung zusammenarbeiten!

- Wissenschaftler an Universitäten und in der Industrie, die Forschungen am Menschen durchführen wollen, müssen sich von Ethikkommissionen beraten lassen!

- Wirtschaftliche oder politische Argumente dürfen beim bio- und gentechnischen Forschen keine Rolle spielen!

- Für den Einsatz von lebensverlängernden Maßnahmen müssen feste Regeln vereinbart werden, an die sich alle Beteiligten halten müssen!

- Todkranke Menschen sollten nicht für medizinische Experimente zur Verfügung stehen!

Sprüche-Klopfen

Kreativspiel

Spielart: Kreativspiel

Themen: Gott, Glaube, Religion, Kirche, Tugenden

Ziel: Religiöse Überzeugungen in einen aussagekräftigen Slogan verpacken

Alter: 14–19 Jahre

Dauer: ca. 45 Minuten

Teilnehmer: ganze Klasse

Material:
- Papier
- Plakate
- Stifte

Beschreibung

Die Werbung arbeitet neben den visuellen Impulsen vor allem mit markanten und einprägsamen Slogans. Die Schüler sollen in Gruppen möglichst originelle Sprüche erfinden, die für den Glauben und die Religion werben („Besser einen Gott im Herzen als eine Wut im Kopf!", „Wer glaubt, ist nicht doof, sondern menschlich!"). Die Gruppen einigen sich auf einen originellen Spruch, den sie auf einem Plakat notieren. Die Gruppen präsentieren ihre Slogans möglichst werbewirksam und publikumsorientiert.

Variante

- Die Schüler sammeln zunächst bekannte Werbesprüche, die sie für ihre Aufgabe einfach umwandeln („Glauben – find ich gut!").
- Es können Slogans für beliebige Themen/Werte (z.B. ethische Einstellungen, Tugenden usw.) entworfen werden.
- Die besten Sprüche werden in Zusammenarbeit mit dem Kunstlehrer optisch ansprechend gestaltet und ausgehängt.

Hinweis

Auf dieser Seite werden nach Eingabe von Begriffen Werbeslogans generiert (www.sloganizer.de).

Reflexion

Die Schüler unterhalten sich über die einzelnen Vorschläge und überlegen, welche Zielgruppe damit angesprochen werden könnte.
Wie und wo könnten solche Sprüche eingesetzt werden?

Spiele erfinden – Eine Projektidee

Bei der vorliegenden Projektidee ist das Ziel, selbst Spiele zu erfinden. Im Vordergrund steht das Lernen durch kreatives Handeln, indem die Schüler Spielideen finden und umsetzen.

Projektarbeit führt zu einem Unterricht, der vor allem durch die Selbstbestimmung und Selbsttätigkeit der Schüler bestimmt wird. Sie ist eine hervorragende Möglichkeit, Schüler auf die Herausforderungen der Arbeitswelt vorzubereiten und gleichzeitig dabei ihre individuellen Bedürfnisse und Interessen zu berücksichtigen. Die folgenden (ausgewählten) Merkmale von Projektarbeit machen deutlich, weshalb:

Projektarbeit ...
- ist an den Interessen der Schüler orientiert,
- fördert die Fähigkeit zu Selbstorganisation und Selbstverantwortung,
- widmet sich – fächerübergreifend – einem Thema von gesellschaftlicher Relevanz und Aktualität.

Ablauf

Die Projektarbeit verläuft in fünf Phasen:

1. Planung
Die Schüler sollen ihre Projektarbeit von der Themenfindung bis zur Durchführung selbst organisieren und bearbeiten. Dazu werden mehrere Projektgruppen (ca. vier bis sechs Teilnehmer) gebildet. Wichtig für ein gutes Ergebnis ist eine ausführliche Planung. Zu Beginn der Planungsphase steht die Suche nach einer Spielidee und einem Thema. Aufgabenverteilung, genaues Vorgehen, Zeit- und Materialbedarf und die Art, wie sie ihre Ergebnisse anschließend präsentieren, legen die Teams ebenfalls selbst fest.

2. Durchführung
Nachdem Spielziel, Spielform, Thema und Material feststehen, machen sich die Schüler zunächst auf die Suche nach Informationen zum gewählten Thema. Diese Informationen müssen in die Spielidee eingearbeitet werden. Dabei liegt der Schwerpunkt auf dem Verfassen einer Spielanleitung und dem Herstellen des Spielmaterials. Es ist darauf zu achten, dass das Spielmaterial komplett aufbereitet wird. Bei der Spielanleitung ist es wichtig, dass sie logisch und gut verständlich formuliert wird. Der Lehrer hat die Rolle des Moderators, Beobachters und Beraters. Damit die Schüler nicht den Überblick verlieren, sollten sie regelmäßig ihre Fortschritte reflektieren. Dazu gehört auch,

Spiele erfinden – Eine Projektidee

dass sie nach der Hälfte der Arbeitszeit eine Zwischenbilanz ziehen: Im Gespräch mit dem Lehrer wird der Blick dabei besonders auf die bisherigen Erfolge und die Möglichkeiten der Weiterentwicklung gelegt. Ihre Reflexion können die Schüler auch schriftlich in einem Projekttagebuch festhalten. Am Ende der Arbeitsphase steht die Präsentation, an der sich möglichst alle Gruppenmitglieder beteiligen sollten.

3. Präsentation
Bei der Präsentation werden Spieltische benötigt, die im Raum verteilt werden. Auf den einzelnen Tischen liegen die Spiele aus. Es werden nun so viele Gruppen gebildet, wie Spiele vorhanden sind. Diese sind nicht identisch mit den Projektgruppen. In einem rotierenden System spielt jeder Schüler einmal jedes Spiel. Dazu wird eine Zeit festgelegt (ca. 15 Minuten). Am Ende der Spielphase bewertet die Runde das Spiel nach verschiedenen Kriterien: Spielidee, Spielaufmachung, Spielanleitung, Aufarbeitung des Themas, Spielspaß und Abwechslungsreichtum (siehe nächste Seite). Dazu steht jeweils eine Punkteskala von 1 (sehr schlecht) bis 15 (sehr gut) zur Verfügung.

4. Reflexion
Nach einer Auswertung werden in einer abschließenden Runde die Bewertungsergebnisse präsentiert. Dabei werden die einzelnen Spiele nochmals genau betrachtet und kritisch gewürdigt.
Jeder Schüler schreibt am Ende der Projektarbeit einen persönlichen Erfahrungsbericht, in dem er den gesamten Projektverlauf reflektiert. Das Projekttagebuch kann dabei eine Hilfestellung sein. In diesem Bericht hält der Schüler seine Erfahrungen fest und schätzt seinen Lernerfolg ein. Seine Fähigkeit zur kritischen Reflexion steht hierbei im Mittelpunkt. Dieser Erfahrungsbericht kann in die anschließende Bewertung der Einzelleistungen mit einfließen.

5. Aus- und Bewertung
Jedes Gruppenmitglied erhält eine individuelle Bewertung, die auf einzelne Kompetenzen Bezug nimmt. Die Gruppenleistung ergibt sich aus den Auswertungsbögen der Spielgruppen, die vom Lehrer ergänzt werden können. Im Plenum oder in Einzelgesprächen mit dem Lehrer werden die Ergebnisse erläutert.

Spielbewertung

Kopiervorlage

Name des Spiels: _____   Spielerfinder: _____

sehr schlecht   sehr gut

Spielidee

1	2	3	4	5	6	7	8	9	10	11	12	13	14	15

Spielaufmachung

1	2	3	4	5	6	7	8	9	10	11	12	13	14	15

Spielanleitung

1	2	3	4	5	6	7	8	9	10	11	12	13	14	15

Aufarbeitung des Themas

1	2	3	4	5	6	7	8	9	10	11	12	13	14	15

Spielspaß

1	2	3	4	5	6	7	8	9	10	11	12	13	14	15

Abwechslungsreichtum

1	2	3	4	5	6	7	8	9	10	11	12	13	14	15

Sonstige Bemerkungen:

Spieleverzeichnis

Wissensspiele 14

Netzwerk 14
Bibel-Domino 16
Lernquartett 17
Gruppenquiz 18
Reli-Quiz 19
Puzzle 20
Wörter suchen 22
Buchstabenquiz 24

Kommunikationsspiele 26

Wechselspiel 26
Reli-Talk 27
Friedens-Battle 29
(Ein)Stellung 32
Pressekonferenz 34
Wertemarkt 36
Sprachverwirrung 39
Bist du glücklich? 40
Falschmeldung 41
Malen nach Worten 42
Daumen hoch! 45
Krisengeschichte 46
Sprichwörtliches 47
Pro- und Kontra-Stühle 49
Telefonieren 50
Der heiße Stuhl 51
Ethikrunde 52

Rollenspiele 5

Entscheide dich! 53
Der Fall Jesus –
Eine Gerichtsverhandlung 57

Bibliodrama 59
Der Streitschlichter 61
Jesus ist da 65
Werbespot 67
Bibel in Szene setzen 68
Markt der Religionen 71
Gut und Böse 73
Gefühlswelten 75
Stegreifspiel 77
Planspiel 78
Sünde kontra Tugend 82
Newstime 85
Die WG-Kandidaten 86

Motivationsspiele 89

Knotenspiel 89
Reli/Ethik-Tabu 91
Bingo 94
Gottesbilder 95
Turmbau 96
Brücken bauen 97
Bibel-SMS 98
Haben oder Sein 99
Ein gutes Wort 101
Nein-Sager 102

Selbsterfahrungsspiele 104

Vertrauensspiel 104
Sinnbehörde 106
Lebenswege 107
Lust-Frust-Spiel 109
Sinnsucher 112
Klagemauer 114

Spieleverzeichnis

Überlebenskoffer 116
Mein Lebenshaus 117
Erste-Hilfe-Kiste 119
Sinnesgang 120
Mein Markenzeichen 121
Steine ertasten 122
Sprechende Bilder 123
Sichtweisen 124
Autobiografie 126
Stärken-ABC 127
Originale 128
Stelle dir vor, du wärst … 129
Versöhnung 130

Kreativspiele 131

Standbilder 131
Textpuzzle 132
Symbole erzählen Geschichten 133
Kurzgeschichte 134
Textgemälde 135
Kettengeschichte 136
Malquiz 137
Kreuzworträtsel 138
Gespielte Thesen 139
Thesen zur Bio- und Gentechnik 140
Sprüche-Klopfen 141

Stichwortverzeichnis

A chtsamkeit 104
Angst 119
Argumentieren 26, 27, 32, 46, 49, 50, 51, 53, 73, 77

B efindlichkeit 124
Bibel 16, 24, 51, 53, 57, 59, 65, 68, 85, 96, 98
Biblische Geschichten 16, 27, 56, 57, 59
Biblische Redewendungen 68, 69, 70
Böse 73, 74

C hristentum 14, 15, 65, 141

D iskriminierung 39, 86

E ntscheidungen 53, 73
Ethik 2, 52, 53, 93
Evolution 51

F eedback 45
Freiheit 52
Freundschaft 77
Friede 29, 30, 31, 61
Frust 109

G efühle 75, 76, 107, 109, 130, 131
Gemeinschaft 89
Gentechnik 139, 140
Gerechtigkeit 52
Gewissen 52, 73, 74
Glaube 141
Glück 40, 52
Gottesbilder 95, 141
Gut 73, 74

I ch/Persönlichkeit 73, 121, 123, 126, 127, 128, 129
Integration 39

J esus 57, 65

K ardinaltugenden 83
Kirche 141
Kirchenjahr 85
Klagen 114, 115
Konflikte 42, 53, 61, 97
Konzentration 22
Körpersprache 29, 139
Kreationismus 51
Kreativität 82, 96, 135, 141
Krisen 46

L ebenswege 107, 126
Lust 109

M anipulation 40
Marktschreier 36, 71

N eues Testament 24, 85

O stern 85

P fingsten 85
Pro- und Kontra 49, 77

R eligionen 71

Stichwortverzeichnis

S chöpfung 51
Schuld 52, 130
Sekten 40
Sinnfrage 106, 107, 112, 116, 117, 124, 126
Sprichwörter 47, 48
Sünde 82, 84
Symbole 133

T alkshow 27, 28
Texterarbeitung 132, 135, 136
Todsünden 84
Tugenden 67, 82, 141
Turmbau 96

U nfriede 29, 30, 31, 61

V erantwortung 52, 77, 104
Versöhnung 130
Vertrauen 104
Vorurteile 39, 42, 86, 97

W ahrnehmung 42, 104, 120, 122, 123, 129
Weihnachten 85
Werte 36, 47, 52, 67, 99, 100, 116
Wiederholung 16, 17, 18, 20, 22, 24, 91, 94, 132

Z ukunft 117

Literatur- und Linktipps

Literatur

Dießner, Helmar:
Gruppendynamische Übungen & Spiele.
Junfermann, 2008.
ISBN 978-3-87387-346-9

Erkert, Andrea:
Die 50 besten Wahrnehmungsspiele.
Don Bosco Verlag, 2007.
ISBN 978-3-7698-1613-6

Fritz, Jürgen:
Das Spiel verstehen.
Eine Einführung in Theorie
und Bedeutung.
Juventa, 2004.
ISBN 978-3-7799-1941-4

Grötzebach, Claudia:
Spiele und Methoden für ein Training mit Herz und Verstand.
Gabal Verlag, 2008.
ISBN 978-3-89749-865-5

Klein, Zamyat M.:
Das tanzende Kamel.
Kreative und bewegte Spiele
für Trainings und Seminare.
managerSeminare Verlag, 2008.
ISBN 978-3-936075-71-7

Niehl, Franz. W.; Thömmes, Arthur:
212 Methoden für den Religionsunterricht.
Kösel, 2008.
ISBN 978-3-466-36507-4

Portmann, Rosemarie:
Die 50 besten Entspannungsspiele.
Don Bosco Verlag, 2008.
ISBN 978-3-7698-1531-3

Röschmann, Doris; Weber, Hermann:
Arbeitskatalog der Übungen und Spiele.
Ein Verzeichnis von mehr als 1200 gruppendynamischen Übungen und Rollenspielen.
Windmühle Verlag, 2008.
ISBN 978-3-937444-06-2

Thal, Jürgen; Vormdohre, Karin:
Methoden und Entwicklung.
Basismaterialien für effektiven
und aktivierenden Unterricht.
Schneider Verlag Hohengehren, 2009.
ISBN 978-3-8340-0594-6

Thömmes, Arthur:
Produktive Arbeitsphasen.
100 Methoden für die Sekundarstufe.
Verlag an der Ruhr, 2007.
ISBN 978-3-8346-0325-8

Thömmes, Arthur:
Produktive Unterrichtseinstiege.
100 motivierende Methoden
für die Sekundarstufen.
Verlag an der Ruhr, 2005.
ISBN 978-3-8346-0022-6

Thömmes, Arthur:
Unterrichtseinheiten erfolgreich abschließen.
100 ergebnisorientierte Methoden
für die Sek.
Verlag an der Ruhr, 2006.
ISBN 978-3-8346-0153-7

Literatur- und Linktipps

Links

- www.fundgrube-religionsunterricht.de
Die Internetseite von Arthur Thömmes

Informationen zur Spieltheorie

- www.spielend-spielen.de
- www.spieltheorie.de

Spielesammlungen

- www.spieledatenbank.de
- www.fundus-jugendarbeit.de/spiele/spiel.html
- www.spielekiste.de/archiv
- www.spielboerse.ch
- www.grafikdruck.de/kjg/#kennen
- http://kinderpolitik.de/methodendatenbank/uebersicht.php
- www.praxis-jugendarbeit.de/spiele-sammlung.html
- www.kjg-kilian.de/Spiele/spiele.htm
- www.felsenkirche-oberstein.de/spielekartei
- www.spielefuerviele.de
- www.entdeckungskiste.de/schatzkiste/spiele/index_html
- www.materialboerse.ejo.de
- de.wikipedia.org/wiki/Liste_von_Spielen

Online-Spiele für den Religionsunterricht

Fragen rund um Religion:
- www.reliquiz.de

Arche-Typen:
- www.ekd.de/noah

Jesus fr@gen:
- www.ekd.de/jesus_fragen/index.html

P@ulus-Online-Spiel:
- www.ekd.de/paulus

Salomo-Quiz:
- www.ekd.de/salomo/index.html

Psalter-Quiz:
- www.ekd.de/psalmen/index.html

Martin Luther:
- www.ekd.de/luther/quiz.html

Wer wird Biblionär?:
- www.biblionaer.de

Glaubens-Quiz:
- www.elefantastisch.de/quiz.htm

Rund um den Kölner Dom:
- www.dom-fuer-kinder.de

Diakonisches Werk:
- www.mission-possible.de

Verlag an der Ruhr

Postfach 10 22 51
45422 Mülheim an der Ruhr

Telefon 030/89 785 235
Fax 030/89 785 578

bestellungen@cornelsen-schulverlage.de
www.verlagruhr.de

Es gelten die Preise auf unserer Internetseite.

■ Wie soll ich mich entscheiden?
Dilemmageschichten mit Arbeitsanregungen für Jugendliche
Inga Piel
Kl. 5–10, 96 S., A4, Paperback
ISBN 978-3-8346-0511-5
Best.-Nr. 60511
19,50 € (D)/20,- € (A)/31,50 CHF

■ Mit Philosophie Fragen des Alltags klären
Beispielhafte Antworten von Aristoteles bis Wittgenstein.
Ein Arbeitsbuch für Jugendliche
David A. White
12–16 J., 211 S., A4, Paperback
ISBN 978-3-8346-0387-6
Best.-Nr. 60387
24,50 € (D)/25,20 € (A)/39,50 CHF

■ Glück – ein Projektbuch
Hintergründe, Perspektiven, Denkanstöße
Peter Brokemper
14–19 J., 112 S., A4, Paperback, farbig
ISBN 978-3-8346-0510-8
Best.-Nr. 60510
21,80 € (D)/22,40 € (A)/35,20 CHF

■ Was Weltreligionen zu ethischen Grundfragen sagen
Antworten von Christen, Juden und Muslimen
Michael Keene
13–17 J., 189 S., A4, Paperback
ISBN 978-3-8346-0080-6
Best.-Nr. 60080
23,- € (D)/23,65 € (A)/37,10 CHF

Werte • Glaube • Antworten

Verlag an der Ruhr

Postfach 10 22 51
45422 Mülheim an der Ruhr

Telefon 030/89 785 235
Fax 030/89 785 578

bestellungen@cornelsen-schulverlage.de
www.verlagruhr.de

Es gelten die Preise auf unserer Internetseite.

■ **Wie Sie Ihre Pappenheimer im Griff haben**
Verhaltensmanagement in der Klasse
Sue Cowley
Für alle Schulstufen, 292 S., 16 x 23 cm, Paperback
ISBN 978-3-8346-0756-0
Best.-Nr. 60756
21,80 € (D)/22,40 € (A)/35,20 CHF

■ **Produktive Unterrichtseinstiege**
100 motivierende Methoden für die Sekundarstufen
Arthur Thömmes
Kl. 5-13, 134 S., 16 x 23 cm, Paperback
ISBN 978-3-8346-0022-6
Best.-Nr. 60022
15,80 € (D)/16,25 € (A)/25,50 CHF

■ **Relax!**
Entspannt Lehrer sein
Dr. Jessica Lütge
Für alle Altersstufen, 119 S., 21 x 22 cm, Paperback, farbig
ISBN 978-3-8346-0544-3
Best.-Nr. 60544
19,80 € (D)/20,35 € (A)/32,- CHF

Pocket-Ratgeber Schule
■ **Kooperatives Lernen - Kooperativer Unterricht**
Cordula Hoffmann
Für alle Schulstufen, 79 S., 10 x 16 cm, Paperback, zweifarbig
ISBN 978-3-8346-0692-1
Best.-Nr. 60692
7,90 € (D)/8,10 € (A)/12,80 CHF

Selbstorganisation • Vorbereitung • Optimierung